泉城文库

济南出版社

薛祥生 编著

张起岩

图书在版编目（CIP）数据

张起岩 / 薛祥生编著 . -- 济南：济南出版社，2024.4
（海右名士丛书）

ISBN 978-7-5488-6242-0

Ⅰ.①张… Ⅱ.①薛… Ⅲ.①张起岩（1285-1354）-传记 Ⅳ.①K827=47

中国国家版本馆 CIP 数据核字（2024）第 060389 号

张起岩
ZHANG QIYAN
薛祥生　编著

出 版 人　谢金岭
责任编辑　姜如孟
装帧设计　牛钧

出版发行　济南出版社
地　　址　山东省济南市二环南路1号（250002）
总 编 室　0531-86131715
印　　刷　济南新先锋彩印有限公司
版　　次　2024年4月第1版
印　　次　2024年4月第1次印刷
开　　本　160 mm×230 mm　16 开
印　　张　10.75
字　　数　124 千字
印　　数　1—4000 册
书　　号　ISBN 978-7-5488-6242-0
定　　价　49.00 元

如有印装质量问题 请与出版社出版部联系调换
电话：0531-86131736

版权所有　盗版必究

前言

张起岩（1285—1353）字梦臣，号华峰，晚年自号华峰真逸，元代著名史学家、文学家、书法家，一代名臣。生于元世祖至元二十二年（1285）三月丙子日。延祐复科首位状元。仕宦四十余载，为官廉正，刚正不阿，敢于打击豪强，为民除害，历任侍御史、燕南廉访使、御史中丞、翰林学士承旨等职务，政绩显然。张起岩学识渊博，在史学、文学方面也有重要贡献，为官后期任辽金宋三史总裁官。张起岩自幼研习书法，尤其擅长篆书和隶书。著有《华峰漫稿》《华峰类稿》《金陵集》等作品集。

云横华峰家何在，烟笼绣水墓不存。张起岩身后凄凉，连他的住宅、坟墓现在何处，也没人能说清楚，实在令人惋惜。有关张起岩的记载和他的作品，流传至今的也并不多，这和元朝末年的战乱密不可分。张起岩在世时，元代社会已遍地狼烟；他逝世十四年后，元朝就灭亡了。

《张起岩》一书基本按时间顺序展开，其内容包括张起岩的降生和家世、张起岩青少年时期的"鸿爪雪泥"、以察举为福山县学教谕、元代第一个汉人状元、勇斗权相的监察御史、元文宗"亲郊"的大礼使、由御史中丞到翰林学士承旨、编修辽金宋三史的总裁官等。本书以夹叙夹议的方式进行讲述，行文中引经据典，每一段叙述必定有史料依据，对于没有史料依据的内容，也不会妄加猜测，以期为读者还原一个历史上真实的"张起岩"。

张起岩的生平概况可分为三部分：自幼受家庭熏陶，年少聪颖，闻名乡里；延祐复科进士及第，后入朝为官四十余载，为官清正，刚正不阿，以儒行业；纂修国史文耀天下，史成，则功成身退。

家世显赫年幼明允。关于张起岩的家世，《元史·张起岩传》中有明确记载。张氏家族于五代时期迁至禹城（今山东德州禹城）以避灾祸。高祖张迪时任元帅右监军管辖济南府事，后生子名福。张迪张福父子二人，先后追随张荣左右为其效忠。曾祖张福曾任职于济南路军民镇，抚兵铃辖，权府事。后张福生子铎，张铎曾任东昌录事判官。张铎生范，张范曾任四川行省儒学副提举，范又生起岩。张起岩自幼从父学，聪明过人，七岁即通四书五经。张起岩弱冠之时，以察举为福山县学教谕。据《元史·张起岩传》记载，当时正值县官处理蝗灾事宜，转而交付张起岩处理县事。张起岩率领民众积极投入捕蝗工作，取得了决定性的胜利。任职期间，张起岩"听断明允"，深得民心。当地百姓竞相流传："若得张教谕为真县尹，吾属何患焉！"

科举入仕刚正不阿。按时开科取士，从唐宋到明清再平常不过了，唯独元朝是个例外。在元仁宗以前，元宪宗、元世祖、元成宗和元武宗四朝，历时近半个世纪，多次讨论过开科取士，但没有真正实行过，直到元仁宗真正开始。张起岩是元仁宗延祐二年（1315）考中状元的。延祐二年的科举考试，是元代第一次真正的科举考试（此前有过，但不规范），因此说张起岩是元代第一个汉人状元。元仁宗对张起岩这个汉人状元非常器重,据《元史·张起岩传》记载"除同知登州事,特旨改集贤修撰,转国子博士,升国子监丞,进翰林待制,兼国史院编修官"。张起岩担任国史院编修官时,不幸家母去世,为母居丧满三年后,被选为监察御史。任监察御史期间,张起岩刚强正直,不逢迎,不偏私,勇斗权相并大获全胜。据《元史·张起岩传》记载,中书参政杨廷玉因贪获罪,台臣奉旨于朝堂之上逮之下吏。丞相倒剌沙因其同列被捕,十分不满,便侮辱台臣罔上,欲将台臣重判处极刑。张起岩据理力争,他认为台臣按例律劾百官,议论当朝政事,是其职责使然,现在台臣因为奉公执法获戾,有风纪解体之态势。这种做法会让正直结舌,忠良寒心,实在不是盛世应该出现的事情。后来,张起岩又多次上书为台臣据理力争,奏章义正词严,皇帝感悟,事乃得释,结果杨廷玉治罪,倒剌沙降职,台臣无罪获释。

纂修国史文耀天下。张起岩为官四十余载,最后以御史中丞的身份充任辽金宋三史总裁官。七百四十七卷的辽金宋三史,在不到三年的时间里,顺利编修完成并付印,这在中国史学史上是件了不起的大事。总裁这一文化工程的只有六人,而张起岩则是总裁官之一。他熟于金源典故,指导编修了一部好的《金史》;他对"宋儒道学源委,尤多究心",为宋代道学家专门立传;他为辽金宋三史把关,除纠正史官不当立言外,对文字关把得也很严,使三史达到了"深厚醇雅，理致自足"的境地。终于六十五岁高龄编史成，他遂上疏以老请归，后四年卒，谥曰文穆。张起岩卒之日，廪无余粟，家无余财，两袖清风。

张起岩是元代文坛上的巨星，官高一品，名满天下，赢得了世人的赞誉。他为官四十余载，为国为民，鞠躬尽瘁，不畏豪强，铁骨铮铮，功成名就，全身而退，其精神与品格，可钦可敬。由于资料稀少，多年来学界对其发掘程度还远远不够，还需后人继续发掘、研究。书中难免会有不当之处，祈请海内外专家、读者批评指正。

目录

第一章　张起岩的家世　001

第二章　张起岩青少年时期的"鸿爪雪泥"　009

第三章　以察举为福山县学教谕　021

第四章　元代第一个汉人状元　037

第五章　勇斗权相的监察御史　051

第六章　元文宗"亲郊"的大礼使　063

第七章　由御史中丞到翰林学士承旨　077

第八章　编修辽金宋三史的总裁官　095

第九章　张起岩笔下的道教宫观　109

第十章　张起岩诗文综述　123

第十一章　补话张起岩与"四文公祠"　143

附录　155

第一章

张起岩的家世

张起岩

张起岩（1285—1353）字梦臣，号华峰，晚年自号华峰真逸，元代著名史学家、文学家、书法家，一代名臣。生于元世祖至元二十二年（1285）三月丙子日。祖籍山东章丘，高祖时由禹城（今山东德州禹城）迁居历城，世居华不注里（当在今黄台附近），故为元代济南府历城县（今济南市历城区）人。下边，介绍他的家世。

先尚武后习文的家世

张起岩在《济南路大都督张公行状》里说，"起岩先世故济南僚属"。济南，指济南公张荣。既然张起岩的祖辈曾经臣事张荣，所以讲张起岩的家世，就不能不从张荣说起。

公元12世纪末，蒙古族崛起于漠北。到了13世纪初，成吉思汗即大汗位，日渐强盛，便不断南侵。公元1213年前后，元军多次侵扰河北、山东地区，济南一度被攻占，泰安、益都等地惨遭"屠城"之祸，民众横被杀戮。是时，金宣宗被迫从燕京（今北京）迁都汴梁（今河南开封），山东民众纷纷起义抗敌，地方武装势力便乘机而起，攻城略地，壮大自己的实力，和宋、蒙周旋。长清的严实，历城的张荣，是当时济南地方武装的两大派系。

张荣（1181—1263），字世辉，济南历城人。行伍出身，状貌奇伟。金末，山东民众起义，为"保境安民"，张荣也率领乡民占据济南黉堂岭（在今章丘境内），从者日众，遂据有章丘、邹平、济阳、长

张荣家族墓地遗址（今章灵丘村村北）

山、辛市、蒲台、新城和淄州等地，和敌对势力周旋。元太祖二十一年（1226），东平、顺天（府名，治所在今北京市）等地先后归蒙所有，张荣见大势已去，遂率五十万军民降蒙。成吉思汗问他"以孤军数载，独抗王师之故"，他回答说："山东地广人稠，悉为帝有。臣若但有倚恃，亦不款服。"太祖壮之，遂授予金紫光禄大夫，山东行尚书省兼兵马都元帅，知济南府事。元太宗三年（1231）以后的五六年间，张荣在窝阔台麾下灭金攻宋，屡立战功。对由河南迁徙而来的民众，也令民间妥善安置。因工作到位，中书省考绩，为天下第一。元太宗十三年（1241），请求致仕，由其子张邦杰袭其爵位。后十九年，元世祖即位，封为济南公，致仕卒。其故居在今济南市珍珠泉。张养浩的《白云楼赋》就是为缅怀张荣而作的。

张起岩

《新元史·张荣传》附有张起岩高祖、曾祖和祖父的小传,并指出"荣行台官知名者,曰刘鼎,张迪"。可见张起岩高祖父张迪,在张荣行台中具有举足轻重的作用。

张迪字吉甫,是张起岩的高祖父。他相貌魁梧,膂力过人,能用胳臂挎着石狮子行走,遇上暴徒也能轻而易举地把他们制服。他善骑射,能同时使用两张硬弓,"绾弦着指,两彀俱满"。因武艺高强,"中募版本军三翼都总领"。金朝南迁,遂离开军队,寓迹于农。张荣受封山东行尚书省兼兵马都元帅知济南府事,把他招致帐下,因其屡立战功,被任为济南兵马钤辖。经过战火的洗劫,济南的公私房舍化为一片灰烬,连行尚书省也无处办公。为重建济南,张荣任命张迪代理济南知府。张迪修建城郭,建设府治,区划闾里,招徕流亡,尽心尽力,使济南逐渐恢复昔日风貌。有时邻境有警,他便派兵日夜巡逻,守城军士纪律严明,城中居民赖以安宁。行省自水寨(在今章丘境内)迁回济南后,张迪因功被授以怀远大将军、元帅、右监军、济南府推官,仍提领历城县事。张荣随元军南征,张迪被委以留后之职。他为政廉洁公平,号称良吏。兵后民稀,府城内外多闲置土地,他用抓阄的办法分给民众垦殖,作为农民的永业田,而他自己则分毫不取。事平,从民买田城北浃河,遂定居历城。他平生治产,不求丰腴,能够维持生活便感到满足。他曾经对人说:"我的俸禄足以供我衣食,房屋能遮风避雨就行,何必凭借权势购置私产,贻患子孙后代呢?"

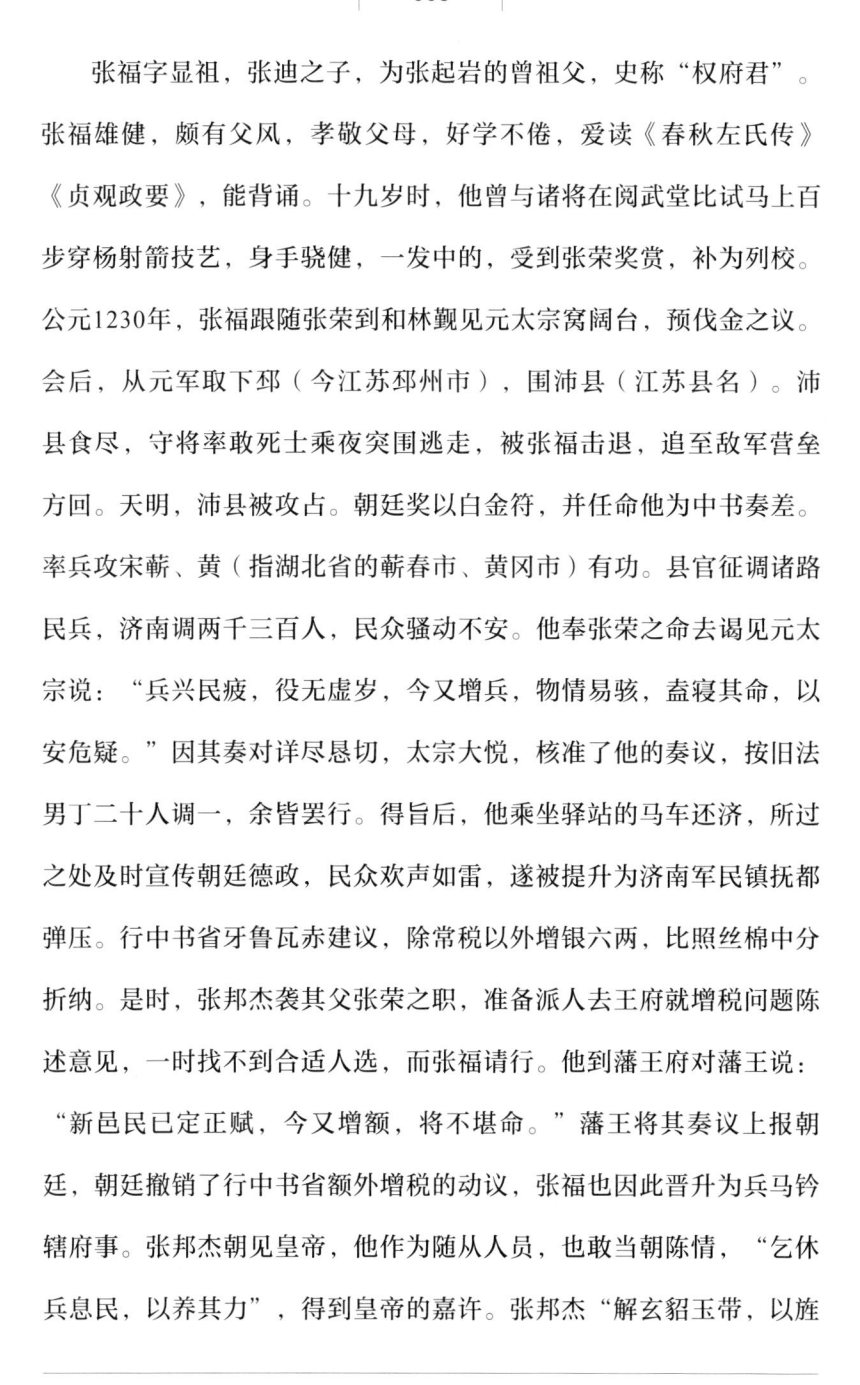

张福字显祖,张迪之子,为张起岩的曾祖父,史称"权府君"。张福雄健,颇有父风,孝敬父母,好学不倦,爱读《春秋左氏传》《贞观政要》,能背诵。十九岁时,他曾与诸将在阅武堂比试马上百步穿杨射箭技艺,身手骁健,一发中的,受到张荣奖赏,补为列校。公元1230年,张福跟随张荣到和林觐见元太宗窝阔台,预伐金之议。会后,从元军取下邳(今江苏邳州市),围沛县(江苏县名)。沛县食尽,守将率敢死士乘夜突围逃走,被张福击退,追至敌军营垒方回。天明,沛县被攻占。朝廷奖以白金符,并任命他为中书奏差。率兵攻宋蕲、黄(指湖北省的蕲春市、黄冈市)有功。县官征调诸路民兵,济南调两千三百人,民众骚动不安。他奉张荣之命去谒见元太宗说:"兵兴民疲,役无虚岁,今又增兵,物情易骇,盍寝其命,以安危疑。"因其奏对详尽恳切,太宗大悦,核准了他的奏议,按旧法男丁二十人调一,余皆罢行。得旨后,他乘坐驿站的马车还济,所过之处及时宣传朝廷德政,民众欢声如雷,遂被提升为济南军民镇抚都弹压。行中书省牙鲁瓦赤建议,除常税以外增银六两,比照丝棉中分折纳。是时,张邦杰袭其父张荣之职,准备派人去王府就增税问题陈述意见,一时找不到合适人选,而张福请行。他到藩王府对藩王说:"新邑民已定正赋,今又增额,将不堪命。"藩王将其奏议上报朝廷,朝廷撤销了行中书省额外增税的动议,张福也因此晋升为兵马钤辖府事。张邦杰朝见皇帝,他作为随从人员,也敢当朝陈情,"乞休兵息民,以养其力",得到皇帝的嘉许。张邦杰"解玄貂玉带,以旌

欧阳玄像

其忠"。张邦杰死后,其子张宏袭其职。张福陪伴张宏到和林去朝见皇帝。返济后力请致仕,并训诫其诸子说:"吾辅齐国三世,朝会征伐,未尝不从。今五十有六,其归休之时乎!"遂辞官家居,年七十一寿终正寝。其家居、教子、处官,人皆取以为法。故欧阳玄在《齐郡公张公先世碑》中说:"皇元敕有中原,树建侯伯,经营四方,济南张氏得国于齐,在东诸侯中修臣职甚谨。权府历城张公受命我元,为齐陪臣,父子相承,屡摄齐政,内治新政,外御强邻,弥缝周旋,使齐事我元甚忠,故张公有功齐人甚大。"对张迪、张福父子对"齐人"即济南民众的贡献做出了中肯的评价。

张起岩的家世到他祖父张铸山①发生了两个变化:一是张迪的后代从"仕于齐"转变为仕于朝廷,二是从尚武转变为习文。这两个变化尤其是后者,对张起岩的人生道路产生了巨大的甚至是决定性的影响。

---

① 张铸山:新、旧《元史·张起岩传》均作张铎,而欧阳玄《齐郡公张公先世碑》则作张福,"中子铸山,字宣卿,……"当以"先世碑"为准。

张铸山(1235—1283)字宣卿,一字仲宣,号黄台野客,为张福中子,张起岩的祖父。他英迈豪爽,幼负奇节,读书通大义,交友重然诺。虽为布衣之士,却以大任自期,以古人自勉。他教导儿子只要熟读《中庸》《大学》,想做宰相也不难办到。张铸山虽然袭其父职为历城县令,而他却不想当官,便把县令的职位让给县丞段而已,自己去做历城县丞,并且把仅有的县丞的俸禄分给邻里乡亲。假使多少还有点盈余,就拿来供他和朋友聚会使用。他还时常倾己赈人,"己匮不悔,人负不尤"。元世祖忽必烈即位后,令刘秉忠等定内外官制,至元间颁布实行之后,迁官台监场管勾,辞不赴。改博州(这儿指博平,旧县名,今并入茌平,在山东聊城市西北)录事判官,转升东昌府判官,乃就其职。他居官坚持操守,不为利益所动,官满赴调,常鬻产治装。家中有时缺少生活必需品,有人也想周济他,而他也非义不取。他工书法,深得黄豫章(庭坚)、米襄阳(芾)笔法。元世祖至元二十年(1283)十月十八日,卒于蓟南城,享年四十九岁。以孙贵,初赠中顺大夫礼部侍郎上骑都尉,追封齐郡侯。娶安氏,山东行省左右司郎中安圭之女。生二子,长范,次高,早卒。

张范字议甫,号孟斋,是为中秘书,为张起岩之父。张范幼颖悟,博学强记。因其父守官清约,不治家产,家中没什么积蓄,他省吃俭用,以节省出的财物供养父母。父母过世后,他按丧礼安葬。张范曾流寓平原德平镇,就着黄河故堤搭盖房屋,教授蒙童,十天半月足不出户,门生称之为"不下堤先生"。张范生性不喜奢华,笃学信道,尊闻

张起岩

行知，行善不倦，批评恶人从不回避。他历仕潍州（治所在今山东潍坊，元初领北海、昌邑、昌乐三县）学正，宁海（宁海，州名，治所在今山东牟平）左翊侍卫教授，晋升为四川等处儒学副提举。张范善吟咏，富著述，著有《蓬牕稿》和《益斋》《旅斋》二集；能写大篆、小篆、隶书、行书、楷书，各种字皆遒劲有体。元文宗天历元年（1328）正月二十七日就养京师，卒年七十有七。娶丘氏，先卒；再娶薛氏。二子：长起岩，次如古①，皆薛氏所生。起岩为一品高官，如古为大司农掾。父以子贵，赠翰林直学士、亚中大夫、轻车都尉，追封齐郡侯，加赠中奉大夫、河南江北等处行省参知政事、护军，追封齐郡公。欧阳玄奉旨为其撰写了《元封秘书少监累赠中奉大夫河南江北等处行省参知政事护军追封齐郡公张公先世碑》。

欧阳玄说，张起岩先世"始奋以武，终显以文"，即先尚武后习文，道出了他的家世特质。

---

① 如古：新、旧《元史·张起岩传》皆作如石。而欧阳玄《齐郡公张公先世碑》作如古，当以"先世碑"为准。

第二章

张起岩青少年时期的"鸿爪雪泥"

张起岩

我这里说的张起岩青少年时期，主要是指他二十二岁（或稍后）以前，即从元世祖至元二十二年（1285）到元成宗大德末年（1307）期间。有关张起岩本时期的学习和生活的史料，可以用一鳞半爪四个字来概括，很难做出全面细致的描述，只能根据有关资料的提示，勾画个大致轮廓了！

1. 幼从其父学

《元史·张起岩传》说，起岩"幼从其父学，年弱冠，以察举为福山县学教谕"。前面说过，其父张范"尝寓平原德平镇"，设馆教授启蒙儿童，起岩幼年当随其父至平原德平镇，和当地学童一起上学，接受启蒙教育。张起岩的祖父张铸山，曾拿出《中庸》《大学》教导儿子说："尔曹熟此，宰相可能也。"张范设馆教授学童，当然离不开启蒙读物，但也离不开四书五经，封建时期中国的农村私塾无不如此。故有人说张起岩幼时勤奋好学，聪明过人，七岁即通四书五经。张范"善吟咏，富著述"，又写得一手好字，在书法与诗文写作方面，也是起岩当之无愧的最好的启蒙老师，为他日后的诗文写作等打下了坚实基础。

稍后，张范出任维州（即潍州，元初领北海、昌邑和昌乐，后省昌乐入北海）学正，起岩又随父亲来到潍州。他在《潍州庙学大成门记》里说：

起岩追维先人秘监[①]为学官时，正殿涂墍尚新，两庑止绘七十二子，中门檐属民，后垣南出为巷，其广仅两弓。仰前衢斗峻，前门披邻屋出其上，东西壁峡束，如夹而立者。今开闳一新……为东州庙学之冠，非复前日隘，公之用心至矣。盖先人以庙学废阙，讲堂敧侧，学使堂无所容，请郡广其堂，增东西斋廊两庑，图先儒像，屡上章，竟不获请。余尝经过，为之叹息。暨今将三十年，庙与学亦皆完，岂物之兴复固有定数耶！

这篇庙学记写于元泰定帝泰定三年（1326），是为潍州知州李希尹扩建潍州庙学而作的。由泰定三年往前推三十年的话，时当元成宗大德元年（1297）。张起岩生于元世祖至元二十二年（1285），从此到大德元年统共十二年，考虑到"暨今将三十年"的"将"字，可知此时张起岩也不过十一二岁，仍在"幼从其父学"的范围之内。他说自己亲身经历过那简陋的学习环境和他父亲申请扩建庙学、改善诸生学习条件之艰难，至今"为之叹息"，则其学习之艰难可想而知。遗憾的是，文中没有提及他父亲如何教和他自己如何学，说他"贫而力学"也就不得其详了。

[①] 秘监：指其父张范。欧阳玄《齐郡公张公先世碑》说："范字议甫，号孟斋，是为中秘书。"秘监，秘书少监，张范死后，以子贵，被封为秘书少监。

2. 流寓东平、益都境

在这以后的十多年间,张起岩流寓东平、益都两地,主要致力于访学名师,交结益友,切磋技艺,提高学业水平,为"试校官"做准备,同时又抽时间下帷设教,致力于少年儿童的启蒙教育,挣点束脩,贴补家用。

张起岩在《济南路大都督张公行状》里说:"起岩先世故济南僚属,幼及侍诸父,暨闻中表老人,语公家善政嘉绩,犹历历能诵言。流寓东平益都境,其耆年叟亦论东诸侯为政尚忠厚,崇信义,而不夺其力。"这里的张公指张宏,为张荣之孙。这段话概括了张起岩先人同张宏父、祖之关系。从整个语境尤其是"幼及侍诸父"一语来看,"流寓东平益都境",应当是就张起岩自己的生活、活动而说的。

先说流寓东平。

东平是元代初年北方文化重镇,东平府学是一所久负盛名的古老府学。东平州宋代叫郓州,其府学称为郓学。李清照的父亲李格非曾任郓州府学教授。在金末战乱中,一部分知识精英流落到东平州的冠县,投奔赵天锡,"一时名士大夫如遗山元公、紫阳杨公、左山商公诸人,皆流寓于此"(李谦《冠州庙学记》)。金末元初,严实任东平府总管,兴学养士,"俾教诸子经学"。严忠济继其父出任总管后,任命商挺为总管府经历,商挺"赞忠济大兴学校,聘康晔说《书》,李昶说《春

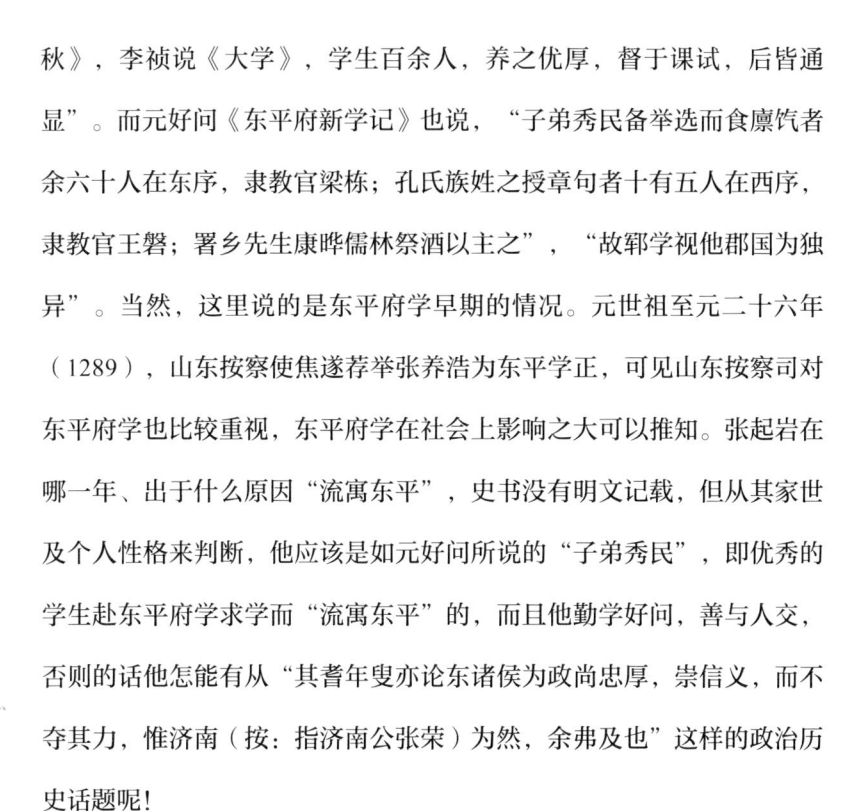

秋》，李祯说《大学》，学生百余人，养之优厚，督于课试，后皆通显"。而元好问《东平府新学记》也说，"子弟秀民备举选而食廪饩者余六十人在东序，隶教官梁栋；孔氏族姓之授章句者十有五人在西序，隶教官王磐；署乡先生康晔儒林祭酒以主之"，"故郓学视他郡国为独异"。当然，这里说的是东平府学早期的情况。元世祖至元二十六年（1289），山东按察使焦遂荐举张养浩为东平学正，可见山东按察司对东平府学也比较重视，东平府学在社会上影响之大可以推知。张起岩在哪一年、出于什么原因"流寓东平"，史书没有明文记载，但从其家世及个人性格来判断，他应该是如元好问所说的"子弟秀民"，即优秀的学生赴东平府学求学而"流寓东平"的，而且他勤学好问，善与人交，否则的话他怎能有从"其耆年叟亦论东诸侯为政尚忠厚，崇信义，而不夺其力，惟济南（按：指济南公张荣）为然，余弗及也"这样的政治历史话题呢！

张起岩在"流寓东平"期间曾有肥城之行，这从《肥城县志》以及张起岩所作《游金牛山》诗可以得知。《元史·地理志》谓，东平路领须城、东阿、阳谷、汶上、寿张、平阴六县，又说至元十一年（1274）以平阴县辛镇寨、孝德等四乡析出他属；明年，改寨为肥城，中县。可见他去肥城仍在"流寓东平"的范围以内。康熙十一年修《肥城县志》书院条说："牛山书院，在县西八里郁葱山内，即状元张起岩读书处，题咏碑记在焉。"嘉庆二十年修《肥城县志》又说："张起岩读书处在牛山獐猴崖，基址尚存。"因此，民间传说起岩为肥城人，肥城张氏以起岩为祖先，其后人至今尚存。这当然只是传说，并不可全信。而张起岩和肥城有千丝万缕的关系，则是无可否认的事实。起岩在《游金牛山》诗中说，"回望故山云，逼客几汗颜"，表达他对故乡、父母的思念，说明他写此诗时客居异乡，即流寓东平期间。他又说"余生爱林壑，梦想水云间"，"逖矣古肥城，岱麓空翠环"，言肥城位于泰山脚下，翠色可餐，正适合自己"云水""林壑"之梦，所以自己便有肥城之行、牛山之游了。这首诗着重写金牛山"古招提"，即古老寺院的壮丽宏伟和春夏两季山中自然景色之优美宜人。诗云："有山名郁葱，秀色青云端"，点出"郁葱"为肥城的名山，和康熙《肥城县志》所说牛山书院在"郁葱山内"所述大体一致。所不同的是，诗中所说的"读书堂"与县志所说的"读书处"完全是两码事。张起岩在诗中说，"更爱读书堂，当年萃衣冠。中有擢桂仙，声名蔼朝班"，说明当年有些有识之士曾在此读书，释褐后成为朝中名公巨卿，说明读书堂是郁葱山一个历史悠久的著名景点。除读书堂外，诗中还提到"精舍"，他说："健气（按：一作笔，后者近是）壮精舍，盛事留兹山。"《明一统志》卷二十二说，左丘明墓在肥城县西南二十五里。这里的"精舍"或许是指左丘明精舍。县志说《左丘明精舍》卷四，收有起岩所写《左丘明赞》，谓"左氏晚年，竭力殚精，作为经传，今古赅通。其盲于目而不盲于心者乎！故其与友人匿怨、令色、足恭，心焉耻之。与我尼父无不相同。噫！此之谓左丘明"。假使此赞写于"流寓东平"期间的

话，可见其儒学修养已达到相当水平了。

张起岩虽然不是肥城县人，但他和肥城县却缘分不浅。他写的和肥城有关的文章，也附在这里顺便谈谈。县志说，牛山书院还有张起岩的"题咏碑记"。所谓"题咏"，当指游金牛山诗；所谓"碑记"，则指《肥城县加封大成至圣文宣王记》和《瞻岱亭记》。前一篇写于元英宗至治三年（1323），后一篇写于元顺帝至元五年（1339）。这里我们主要谈后一篇。岱，岱宗，指泰山。瞻岱亭这个名字，是从《诗经·鲁颂·閟宫》"泰山岩岩，鲁邦所詹"而来的。瞻岱亭是肥城县城东庙学后墙外边一座古老的亭子，年久废圮，而亭基隆然，县尹王大用主政肥城之第三年，政成事治，民安于田里，吏趋事恭谨，后生向学，而人耻于游惰。王县尹与民同乐，修复瞻岱古亭，蔚然有"沂泗舞雩之风"（按：此典出自《论语·先进》篇："浴乎沂，风乎舞雩，咏而归。"），请张起岩作记。记云：

余向至邑，为数日留，乐其清旷，且闻秀民辈出，愿学者众，渐濡师友之泽。兹又佩服王君之教，而复鲁俗之旧。而是亭密迩讲授之地，则凡来游、来歌、登乎亭之上者，徘徊瞻望，仰岱宗之峻极于天，以起希贤希圣之心，以思参天地赞化育付受之重，扩而充之，磊磊落落，以自表见于世。矧岳之降神而表见者，如晋之羊祜、宋之孙复石介等，而上之曰孔曰颜曰洙泗邹鄹之贤，矜式而追尚者宁不在是？讵止肆其舒啸，遂夫游观而已哉！

张起岩

张起岩记中说的"余向至邑,为数日留",确切时间是什么时候,和"流寓东平"有无关系,一时尚难确认。但这篇亭记和《游金牛山》诗作者对肥城"秀民辈出,愿学者众"的赞许,对肥城民众希圣希贤以复"鲁俗之旧",蔚然有"沂泗舞雩之风"的颂扬,以及作者对肥城山清水秀的自然风光的喜爱大体一致,这对于读者了解张起岩青少年时期的生活和思想状况肯定会有很大帮助的。

再说"流寓益都"。

这里所说的益都指益都路而不是益都县,它下辖六县八州,州领十五县,地域非常辽阔。当时,它又是宣靖王府所在地,也是北方的一个政治文化中心,地位丝毫不亚于济南,但有关张起岩的记载同样非常稀缺。所可知者仅有两点:一是他曾从国子司业张临受业,另一是他同前益都县教谕王汝明的交往。

张临字慎与,邹平人。他曾读书长白山中,淹贯经史,学者称之为长白先生,是当时山东地区文化名人。元明善称其为"处士",张养浩谓之"国子司业",杨维桢说他"至元间由丘园官至祭酒",而他自己则谦称"为司业,贰上庠,仅半载",可见他任过"国子司业"无疑。张临善为文,张养浩《重修会波楼记》中说:"往年,官转运者尝一增葺,今国子司业张先生临为记其成。"因其声望颇高,远近闻名,故学子们千里负笈相从,状元张起岩、中丞张朴、大参张诚李宪等凡数十人,都是他的学生(《山东通志》卷二十八之二)。张起岩之所以能成为名士，肯定同他师从名师张临有关，可惜具体情况不得而知了。后来，张起岩参加乡试，主考官正是张临，这是后话，就留到后边去讲了。

张起岩不仅注重拜名士为师，还善于和不同层级的文化人结交，切磋技艺，培植社会声望，和王汝明的交往就是一个很好的例子。王汝明字彦昭，世为东莞人。父亲王元英，山东淮南行省都事。其兄王汝弼，山东宣慰司奏差，改集贤院掾、除从事郎济南录事，晋升为承事郎沾化县尹。而"王汝明彦昭，尝为益都县教谕，温厚而文，间游戏翰墨，作山水，有古澹平远趣。起岩得从游"（张起岩《沾化尹王公墓志铭》），结为文友。后来，张起岩"试校官，具书为贽"，拜谒王汝弼，并得到王汝弼力荐，恐怕离不开王汝明的帮助。至于得到王汝弼力荐的具体情况，也留到后边去说了。

3. 百里负米

前边说过，张起岩的祖父为官清廉，不治产业，而又乐善好施，"每倾己赈人，己匮不悔，人负不尤"，"家无宿储"，所以张范就不能不"深自贬损，赢以为养"，靠自己节衣缩食，以供养父母。王汝弼荐起岩时也说他"贫而力学"，可见张起岩青少年时期生活的艰难困苦。为减轻父母的家庭经济负担，张起岩不得不"下帷教授"，靠教授启蒙儿童挣点束脩以维持自己的生活和贴补家用。《元史·张起岩传》

张起岩

是这样说的：

> （起岩）性孝友，少处穷约，下帷教授，躬致米百里外，以养父母，抚弟如石，教之宦学，无不备至。

《孔子家语·致思篇》说：昔者由也事二亲之时，常食藜藿之食，为亲负米百里之外。张起岩青年时期，"下帷教授"，"躬致米百里外"奉养双亲，可与昔贤媲美了。

孟子说："仕非为贫也，而有时乎为贫。"意思是说，仕本为行道，而亦有家贫亲老，但为禄而仕者。张起岩"少处穷约"，具有强烈的亲老家贫、为禄而仕的愿望，他的《白羊铺书事》诗，集中地表达出他这一愿望。明代陶安说：益都城北三十里有邮亭，名曰白羊铺。壁间有石刻梦臣学士诗一首，乃至大辛亥（元武宗至大四年，公元1311年）未第时所作。其诗曰：

> 迢迢长日路途间，两字功名抵死难。岂为身荣爱奔竞，正缘亲老逼饥寒。云霄附凤心徒壮，客馆无鱼铗自弹。百亩薄田容易办，也应无梦到长安。

诗中透露出张起岩当年求取功名的艰辛，做客权门的窘迫，梦长安而一时难到的失望，尤其是"亲老逼饥寒"的生活重压，使他不得不放弃"云霄附凤"的壮志，做出为贫、为亲而仕的抉择，为"试校官"而奔走努力了。

苏轼《和子由渑池怀旧》诗说："人生到处知何似，应似飞鸿踏雪泥。泥上偶然留指爪，鸿飞那复计东西。"张起岩青少年时期的生活应当丰富多彩，而流传到现在的却是一些支离破碎、互不连属的生活碎片、雪泥鸿爪，这大约和他去世十四年后，元朝便迅即灭亡，有关他的个人历史资料也随着元朝的灭亡而消失有关，这只能让后人感慨历史兴亡了。

第三章
以察举为福山县学教谕

张起岩

《元史·张起岩传》记载："年弱冠，以察举为福山县学教谕，值县官捕蝗，移摄县事，久之，听断明允，其民相率曰：'若得张教谕为真县尹，吾属何患焉。'政成，迁安丘。"张起岩是如何通过察举的？他在福山县学教谕任内做出了哪些政绩？他对福山县有哪些描述？"迁安丘"后情况怎样？结合有关史料，做如下描述。

1. 遇伯乐，受赏识

察举，意思是选拔或选举，是一项古老的选士制度。《汉书·文翁传》说，文翁少好学，通《春秋》，以郡县吏察举，景帝末，为蜀郡守。这里的察举，就有选拔的意思。

元代前期，科举被长期废止，一些有才华的士子，大都循"察举"一途，谋取个教职。元代著名文学家黄溍、柳贯无不如此。《元史·黄溍传》说，黄溍自幼至老，好学不倦。凡六经、百氏、兵刑、律历、术数、方伎、异教外书，靡所不通。作文沉郁春容（悠扬），涵肆演迤（延伸、流布），人多诵之。始用察举，为江山（浙江省县名）县儒学教谕，仕至翰林待制。黄溍在《翰林待制柳公（贯）墓表》中说："公幼有异质，颖悟过人，从名儒金履祥学，即能究其旨趣，而于微辞奥义，多所发挥。寓居泗州，东平王公（构）一见辄加器重，极称荐之。公年甫弱冠，未有仕进意，后十有余年，始察举为江山县学教谕，又为昌国州学正"（黄溍《文献集》卷十下，四库全书本）。元仁宗延祐二

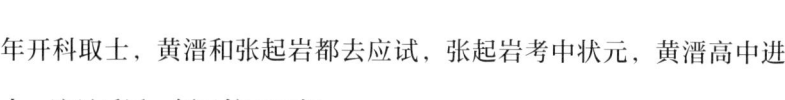

年开科取士,黄溍和张起岩都去应试,张起岩考中状元,黄溍高中进士。这是后话,暂且按下不提。

张起岩是怎样通过察举的呢?这要从他早年"流寓益都境"时说起。

张起岩"博学有文",是国子司业张临的得意门生。上文说过,他流寓益都时,结识了原益都县学教谕王汝明。王汝明温厚而文,善画山水,出生于官宦之家。其兄王汝弼,始为山东宣慰司奏差,后充将作院掾,移集贤院掾,考满,除从仕郎济南录事。虽政绩突出,颇受上司及同官尊重,"然不屑于此,卒谢病归。再迁承事郎沾化县尹兼管诸军粤鲁劝农事……未几,移疾就医,家居而竟不起。"(张起岩《沾化尹王公墓志铭》)张起岩认为,王汝弼是天生哲人。他能力强,器量大,人品好,"居小官不为之耻,受大任不为之泰。下可以厎民之安,上可以熙帝之载,游□刃于肯綮,绰有余地;纳云梦于胸中,曾不纤芥。为后学之矜式,资吾儒之倚赖"。又说:"惟公之材,人其少配。或翱翔于礼仪之司,或赞襄于廊庙之内。或玉署之论思,或铁冠之峨豸","常谓天之生材,以为世用",孰知"其长寸方展,天又夺之,宁不为之永慨"(张起岩《祭沾化尹王公碑》)。就是这位才艺双全的地方官,识张起岩于众人之中,在他"试校官"时,向主管官员签宪李天益推荐了张起岩。张起岩在《沾化尹王公墓志铭》里追忆说:

大德末年,签宪李公天益行部益都,起岩旅进,试校官,具书为赘。或以所言尚气，公靖思，文章以气为主，是或有可取，即来索观。喜甚，乃言于李："今所试校官有张起岩者，贫而力学，识与学俱进，是殆间生，不当以常人遇也。"

经过考校，大约李天益认同王汝弼对张起岩的评价，也认为张起岩是禀间气而生的非比寻常之人，因而察举他为福山县学教谕。

张起岩对王汝弼非常尊重，视其为先辈、恩人。张起岩说"顾瞻鲰生，实为晚辈"，并自称为"门下士"。王汝弼之子王士弘请张起岩为其父撰写墓志铭说："先君子识子稠人中，刮目待子，吾子平昔慕向以为知己。"张起岩以"自是得以斯文游公父子间"感到荣幸，又以自己"暨发解宣闱，而不及执绋"送殡有"负知己"而深感愧疚，可见张起岩对王汝弼这位荐才的伯乐感恩之情有多深。

2. 亲摄县事，深得民心

福山县，元代为登州属邑，属盘阳路登州府管辖。《元史·地理志》福山县下注明：伪齐阜昌年间，以登之两水镇为福山县，杨疃镇为栖霞县。今为烟台市之福山区。

张起岩是元武宗至大初年（1308），以察举为福山县学教谕的。当时，元朝统一中国已接近三十年（归属元朝时间更长），各地庙学仍然没有从战争的破坏中恢复过来。比如莱阳，"山川秀洁，井邑丰润，

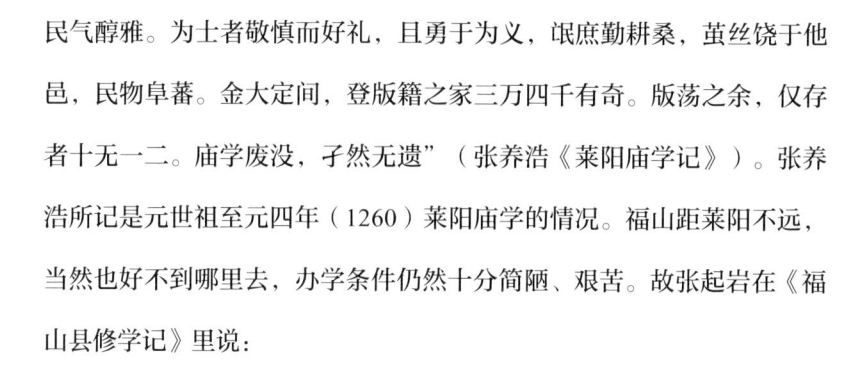

民气醇雅。为士者敬慎而好礼，且勇于为义，氓庶勤耕桑，茧丝饶于他邑，民物阜蕃。金大定间，登版籍之家三万四千有奇。版荡之余，仅存者十无一二。庙学废没，孑然无遗"（张养浩《莱阳庙学记》）。张养浩所记是元世祖至元四年（1260）莱阳庙学的情况。福山距莱阳不远，当然也好不到哪里去，办学条件仍然十分简陋、艰苦。故张起岩在《福山县修学记》里说：

> 因忆至大初（1308）承乏县学，时宫垣颓圮，取径者旁午。前门折而西出，横□，以墙堑其外为固。圣殿岁久，风雨不庇。跬步之余，鞠为园蔬。学舍即前尹孟从政所易民舍，断二间有奇，以栈括横木，生徒十数席上。亟为请于县，迨终更，章凡六上，第为外门，塞所请而已。

这就是说，至大初年的福山县学宫是破烂不堪的。学宫前门狭隘且有倒塌的危险，墙垣东倒西歪，行人可随意穿墙而过，圣庙年久失修，已不足以遮风挡雨，殿后即为菜地。学舍仅有两间民房，桌凳皆无。地上栽几根木桩，架上横梁，生徒十数人席坐其上，读书学习。为改善办学条件，张起岩先后六次上书县尹，直到他三年任满离职，也没见多大成效。这一方面说明当时福山县学办学条件的确很差，另一方面也表现出张起岩不怕困难、艰苦奋斗的办学精神。

张起岩写《福山县修学记》，重点当然不在于写旧时福山县学的简陋，而在于写经过扩建后的县学是如何"完美"和他对福山县教育的关心。作者说元仁宗延祐二年（1315）夏天，主簿祁君祖谦到官，有感于县学"学颜、讲堂、斋舍无有"，"谋诸同僚，为构讲堂，东西斋各四楹，业既就绪"，而祁君离职而去。"今监县亦思哈、邑尹周士彦、簿马良、尉宋谅为终其役。室宇靖深，窗户明廓，讲授有所，藏修有区。邑之人士，诚感心悦，鼓箧而肄业者，举欣欣然矣。以予尝职教是邑，走书京师，谒文以识其成。予得书，且喜且叹"，认为"长民者汲汲于庠序之修建，可谓知所先务"，抓住了兴县施政的关键。接下去，张起岩又对福山县兴办县学提出希望。他说：

> 大抵人不知学，犹冥行索途，怅怅然莫知所之。今职师儒奉檄以待次者，不无其人；在学校朝夕之游息者，亦既完美。父兄盍思敦勖子弟以进夫学，学者亦盍思致知力行以明夫道，而称国家乐育之意欤！能如是，将见道德文学之士接踵而出，庶有以表贤簿兴学之成效云。

其实，在祁祖谦主簿来到福山县兴建县学之前，县尹吴公也曾对福山县学做过修缮（见张起岩《福山县加号大成至圣文宣王碑》），只是那次修缮不如这次改扩建成效更大而已。总之，这一切都说明，不论是在福山县学教谕任上还是离任以后，张起岩对福山县教育事业始终记挂在心，对后世产生了深远影响。

张起岩在福山县政绩的亮点不在于他克服困难办教育，而在于他以县学教谕的身份"摄县事"，即暂时代理福山县尹主持福山县的工作。

张起岩"摄县事"时，首要工作是捕蝗，因为是年是全国蝗灾大爆发的一年。据《元史·武宗纪》二说，至大二年（1309）夏四月，"益都、东平、东（沧）（昌）、济宁、河间、顺德、广平、大名、汴梁、卫辉、泰安、高唐、曹、濮、德、扬、滁、高邮等处蝗"；"六月癸亥，选官督捕蝗。……霸州、檀州、涿州、良乡、舒城、历阳、合肥、六安、江宁、句容、溧水、上元等处蝗"；秋七月，"济南、济宁、盘阳、曹、濮、德、高唐、河中、解、绛、耀、同、华等州蝗"；八月，"真定、保定、河间、顺德、广平、彰德、大名、卫辉、怀孟、汴梁等处蝗"，而福山县所遭受的蝗灾只不过是全国蝗灾的一个缩影，虽然《元史·武宗纪》没提福山县蝗灾的事。

元武宗至大二年（1309），福山县也遭受蝗灾，张起岩率领民众积极投入捕蝗工作，取得了决定性的胜利。他在《祝圣道院碑》中追忆当时的情景时说：

> 尝忆岁己酉（1309），蝗灾遍中土，海隅尤甚。余时摄县事，督捕附郭蝗，祷于山（指芝山）之神祠。环邑数里，南彻山之阳，蝻四绕如云集，整如刀截，不入附郭境，虽驱之入亦辄还，则山之灵可知也。

这说明张起岩"督捕附郭蝗"是成功的，没有让蝻蝗侵入附郭境，保护了民众的利益。张起岩在福山县的另一突出政绩是"听断明允"，深得民心。福山县民众对他是如何拥护与爱戴的，他听断明允表现在哪里，因史料缺失，我们也就无法做进一步探讨了。

张起岩离开福山县后，有关福山县的一些描述，也附在这里集中说一说。

写到福山县有关事物的张起岩的文章统共有五篇，依次是《重修德胜庙记》《福山县修学记》《福山县加号大成至圣文宣王碑》《文庙学田记》和《祝圣道院碑》。《重修德胜庙记》，所记为名不见经传的毛神刘十八，我们可以存而不论。《福山县修学记》上文已涉及很多，这里不必再说，而《福山县加号大成至圣文宣王碑》，从题目可以窥知所写内容，也不必涉猎分析。《文庙学田记》是记至大元年（1308）县府把五块学田"发赡儒学"，交由佃户刘稳等人代管，至治元年（1321）济南马君喜典教福山县学，查出刘稳私卖学田六十亩（总计三百亩），讼于州县，最终讨回了学田。假如说以上三篇文章都同庙学有关，而《祝圣道院碑》则别开生面，是写全真教道士林德荣修复祝圣道院的事迹的。祝圣道院坐落在福山县南不远处的祝圣山上。山腹各有石洞，中可容十数人。金代大定（1161—1189）年间，"丹阳马真君筑环堵，居西洞，且大书题东西峰名，石刻宛在。其南百步许，有屋以居道流，曰蒋公庵，其徒力田自食"。到至大初年（1308），"当山之巅，孤松如偃盖，问之土人，云昔道院，今废撒久矣"。大约元仁宗晚期或元英宗早期，道士林德荣来到福山，见道院久已废撒，遂谋修复，从元英宗至治二年（1322）开始，到元顺帝元统二年（1334）终结，历时十三年才基本完工，如林德荣请张起岩为其撰写碑文时所说："祝圣道院，废

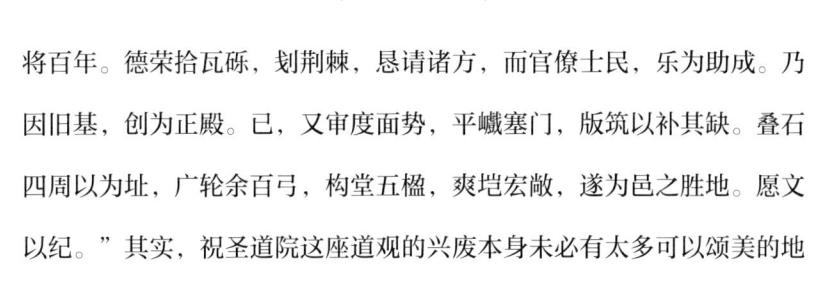

将百年。德荣拾瓦砾，划荆棘，恳请诸方，而官僚士民，乐为助成。乃因旧基，创为正殿。已，又审度面势，平巇塞门，版筑以补其缺。叠石四周以为址，广轮余百弓，构堂五楹，爽垲宏敞，遂为邑之胜地。愿文以纪。"其实，祝圣道院这座道观的兴废本身未必有太多可以颂美的地方，重要的是它的山水之美和历史文化价值。所以张起岩写道：

盖县故为两水镇，山在两水间，北顾沧海之渠，傍揖栖霞东牟，昆嵛诸山，据邑境秀绝处。刻蓬瀛方丈，仙圣所庐，云洲烟岛，相望未远；而丹阳遗迹，于今尚存。庸讵知夫安期、羡门、卢敖、麻姑、王方平之流，乘风驭气，以与汗漫相期，不往还税息于兹耶。其景光炫耀，神奇呈露，谅有自而然矣。

山水如此之美，神话色彩如此之浓，假如此道院今日尚存，必定和蓬莱一样，成为好客山东的旅游胜地。

3. 政成，迁安丘

这就是说，张起岩为福山县学教谕，三年任满，经过考核，他圆满地完成了相关任务，迁官安丘（今属潍坊市）县学教谕。时间大约在元武宗至大四年（1311）到元仁宗皇庆二年（1313），因为此后他要为科举考试奔波了。

查万历《安丘县志》，查到了两条资料。一条在卷十四《历代职

张起岩

官表》里，说延祐年间，"教谕，张起岩，有传"。他的教谕身份确认了，但系年不对。另一条是卷十七《宦迹传》为他写的小传，说"张起岩字梦臣，济南人。以察举为福山县学教谕。政成，迁安丘。博学有文，善篆隶。中延祐乙卯进士，为第一人。官至翰林学士承旨。谥文穆"。县志卷五"建置考"又说，安丘县学宫在县治东，金末毁于兵火；经世祖、成宗两朝多次兴建增修，到元成宗大德年间，已宫墙环绕，竹木葱倩，雕楹刻桷，极为壮丽。张起岩可以集中精力搞教学，不必像在福山县那样为增修学宫而经常操心了。张起岩在福山教谕任上做出了令人难忘的成绩，按理说在安丘县学教谕任内，应当做得更好，成就更大。但该《宦迹传》对他在安丘的宦迹只字未提，其他版本的安丘县志又忽略了他，再加上没有其他资料可以佐证，对他在安丘县学教谕的工作情况，我们也就不好妄加猜测了。

有一件事倒是可以提出，那就是《潍县八景》组诗很有可能写于此时。大家知道，张起岩少年时期，曾随其父寓居潍州，而当时他年幼学浅，没有写此组诗的可能。中国古人对大自然敬若神明。除五岳四渎外，对四海、四大镇山，朝廷也要派出官员按时代祀。元仁宗延祐四年（1317）春天，"起岩以集贤修撰将旨代祀东海东镇，馆于青"（《沾化尹王公墓志铭》）。按规定：东镇沂山，祭于沂州；东海，祭于莱州。理论上他可以到潍州故地重游，饮酒赋诗。不过，是年五月，他又有辽东之行，代祀北镇医巫间山（张起岩《代祀北镇之记》）。行色怔偬，他也没有多少时间做潍州之行。安丘与潍州邻接，有的景点离安丘很近,比如南溪。在三年任内公务之余,有条件"好邀诗友联诗句,信步携筇试一游"(《东园早春》),所以我把《潍县八景》姑系于此。

下面,介绍《潍县八景》组诗。为了叙述方便,先将康熙《潍县志·艺文》所载《潍县八景》组诗依次抄录如下:

东园早春

春到东园景物幽,

小桃破萼柳丝柔。

好邀诗友联诗句,

信步携筇试一游。

南溪垂钓

垂柳阴阴蘸碧溪,

溪边钓叟坐苔矶。

是非拨置纶竿外,

闲看沙头白鹭飞。

西山晴雪

晓云冬雪冻风残,

一带西山尽可观。

楼上凭栏凝望处,

潺湲高列玉屏寒。

张起岩

孤峰夕照

一抹残阳碧映岑,

孤峰倒影自成阴。

牧童横笛归家去,

鞭趁牛羊出远林。

麓台秋月

银河漾漾净天街,

碧月辉辉照麓台。

台上读书燕太子,

清光依旧向人来。

玉清烟晓

琳宇清幽近水涯,

凌云烟霭杂朝霞。

殿坛金碧相辉映,

一段丹青景最嘉。

石桥漱玉

潍水潺潺渡虹桥,

水声相激韵琼瑶。

倚筇听罢精神爽,

暂把心中郁闷消。

青杨晴眺

秋风雨霁碧天凉，

极目城楼逸兴长。

几簇人家山色里，

一川禾黍半苍黄。

上述八首诗中的《南溪垂钓》《西山晴雪》《孤峰夕照》《麓台秋月》和《石桥漱玉》，是侧重描写潍县的自然景观的。南溪，据说在县东南五十里，一名渭水，相传是姜太公垂钓处，而作者则借题发挥，写出了一幅老翁苔矶垂钓图；西山，在县西二十里，群峰连绵，雄踞天表，雪后天晴，晶光射目，凭栏凝望，像王母瑶池一样精美

张起岩《潍县八景·麓台秋月》石碑

动人。孤峰即孤山,又名凤凰山,在昌乐县(今山东县名,属潍坊市)东二十里,与潍县(山东县名。1948年以潍县城关及坊子等地设市)边界邻接。日之夕矣,牛羊下来,这幅牧童山林挥鞭晚归图,多么富有诗情画意。麓台,在县西二十里程符山麓,台上可供游人登高望远,台下有池,澄澈如练。每至秋夕,月印寒潭,台月互映,犹如濯魄冰壶。汉公孙宏别业、燕慕荣太子读书处,均在此地。清代,石碣尚存,是登临怀古的绝佳场所。石桥,在县治东门外,水石相激,其声玎玖如环珮。张起岩用"清光依旧向人来"和"一带西山尽可观"概括这些山水的观赏价值,是宝贵的自然遗产,应当说是恰如其分的。

而《东园早春》和《青杨晴眺》则主要是写社会风情的。乾隆《潍县志》说,东园在县治东一里许,首春,草木菲蒙,比他处先荣。这就是说,东园是块风水宝地,阳气迎春而升,草木比别处发芽早,开花也早,"春到东园景物幽,小桃破萼柳丝柔",是踏青探春的好去处。青杨,指青杨楼,在潍县后面的城垣上,高敞数丈,凌太空而极目山河之外,旧来是登高望远的绝胜处。张起岩说:"秋风雨霁碧天凉,极目城楼逸兴长。几簇人家山色里,一川禾黍半苍黄。"这是一幅多么绝妙的古代潍县秋光山色图呀,境界如此恢宏,意趣如此隽雅,不愧是一首吟咏潍县千载难得的绝妙好词。

《玉清烟晓》的玉清指玉清宫,为全真教道观。宫在县治北二里许,马丹阳、丘长春曾在这里修道。每早瑞烟笼罩,霏微万状。在张起岩为道教宫观所作的诗文中,这大约是最早的一篇了。

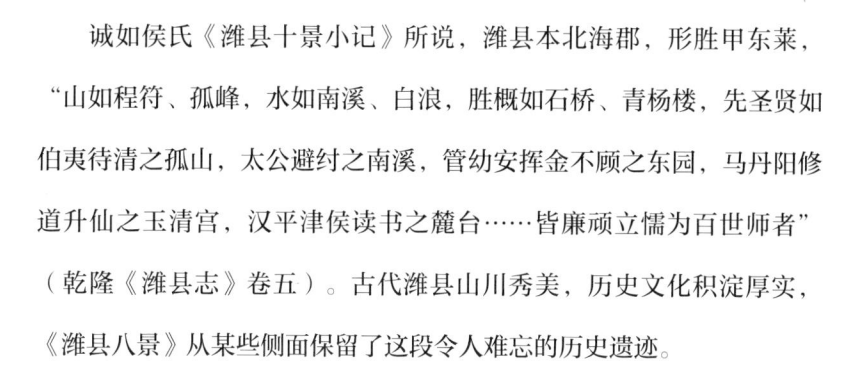

诚如侯氏《潍县十景小记》所说，潍县本北海郡，形胜甲东莱，"山如程符、孤峰，水如南溪、白浪，胜概如石桥、青杨楼，先圣贤如伯夷待清之孤山，太公避纣之南溪，管幼安挥金不顾之东园，马丹阳修道升仙之玉清宫，汉平津侯读书之麓台……皆廉顽立懦为百世师者"（乾隆《潍县志》卷五）。古代潍县山川秀美，历史文化积淀厚实，《潍县八景》从某些侧面保留了这段令人难忘的历史遗迹。

但也应当指出，元代只有潍州，没有潍县，后来的潍县当时叫北海，因知《潍县八景》的潍县当是后人改的，张起岩当时用的应当是潍州，观其所写《潍州庙学大成门记》可知。沧海桑田，元代的潍州八景，已为今天的潍县八景所取代，过去的八景已不复存在。潍坊学者正在创作古代《潍县八景》画图，力图重现这些名胜古迹，应该说这是非常必要和十分珍贵的。

第四章
元代第一个汉人状元

张起岩

张起岩是元仁宗延祐二年（1315）考中状元的。《元史·仁宗纪二》说，延祐二年"三月乙卯，廷试进士，赐护都沓儿（又写作呼图克岱尔，下同）、张起岩等五十六人及第出身有差"。张起岩名列护都沓儿之后，为什么还说他是状元呢？这同元代朝廷对当时科举考试的某些特殊规定是分不开的。为了便于说明问题，需要先对元代的科举制度做大略的追述与分析。

1. 元仁宗开科取士

按时开科取士，从唐宋到明清再平常不过了，唯独元朝是个例外。在元仁宗以前，元宪宗、元世祖、元成宗和元武宗四朝，历时近半个世纪，多次讨论过开科取士，且认为"此良法也"（元世祖语），也断断续续地搞过一两次试验，但谁也没有实行过。真正实行，是从元仁宗开始的。

元仁宗是在元武宗至大四年（1311）三月即皇帝位的。第二年，改元皇庆。改元元日，仁宗下诏召王约进京。王约三月一日到达，仁宗立即召见。王约建议"行封赠，禁服色，兴科举"（《元史·王约传》），开科取士便提上了元仁宗的议事日程。为开科取士献言的不仅有王约，还有陈颢和李孟。《元史·陈颢传》说："会成宗崩，仁宗入定内难，以迎武宗，颢皆预谋。及仁宗即位，以推戴旧勋，特拜集贤大学士、荣禄大夫，仍宿卫禁中，政事无不与闻。科举之行，颢赞助之力

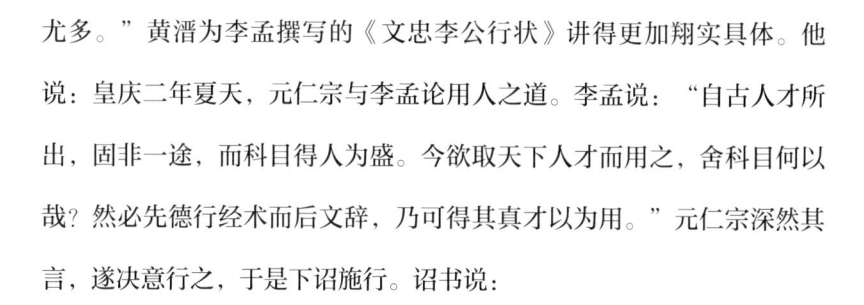

尤多。"黄溍为李孟撰写的《文忠李公行状》讲得更加翔实具体。他说：皇庆二年夏天，元仁宗与李孟论用人之道。李孟说："自古人才所出，固非一途，而科目得人为盛。今欲取天下人才而用之，舍科目何以哉？然必先德行经术而后文辞，乃可得其真才以为用。"元仁宗深然其言，遂决意行之，于是下诏施行。诏书说：

> 三代以来，取士各有科目，要其本末，举人宜以德行为首，试艺则以经术为先，词章次之。浮华过实，朕所不取。爰命中书，参酌古今，定其条制。其以皇庆三年（按：即延祐元年）八月，天下郡县兴其贤者能者，充赋有司，次年二月会试京师，中选者朕将亲策焉。（《元史·选举志一》）

元仁宗开科取士，影响极其深远。《御批〈续资治通鉴〉纲目》卷二十五："仁宗诚可谓有元文明之主矣。前书初诏行科举，此书初赐进士。元自混一至是历三主四十余年，所未尝行，至仁宗而始行之，则其兴贤育才之意，良可知矣。是以皇庆延祐之治，号称治平。"而元代著名文学家虞集在《杨贤可诗序》里也说："仁宗皇帝之取士也，集常闻诸近臣云，上每曰：进士中得一范仲淹亦足副吾意。明圣之心，於戏远哉！首科最为得人，御史中丞马伯庸、侍御史张梦臣（起岩）、侍讲欧阳原功（玄）与诸君子，皆赫然有称于世。"（《道园学古录》卷三十三）由此可见，元仁宗开科取士，为张起岩施展才华提供了广阔的政治历史舞台。

2. 济南等路乡贡进士第一名

张起岩是元仁宗延祐元年八月二十参加乡试的，考试在二十日、二十三日、二十六日三天进行，并且取得了济南等路乡贡进士第一名的好成绩，为参加延祐二年的会试、廷试打下了良好的基础。

张起岩是山东东西道宣慰司参加乡试士子的佼佼者。上文说过，张起岩贫而力学，博学有文，识与学俱进，而非寻常之人，凭借其超常发挥，在参加乡试的众多士子中最终胜出。据《元史·选举志》"乡试"规定，元代每年科考，"天下选合格者三百人会试"。三百人中，按蒙古人、色目人、汉人和南人平均分配名额，每一族群各取合格者七十五人，再分门别类分配到各个行省和宣慰司。南人名额分配比较单纯，只从江浙、江西、湖广和河南四个行省，按相关名额选送。而汉人选取的范围比较大，入选的难度也高得多。按规定，汉人选拔名额分配的情况大致是：大都十人，上都四人，真定等十一人，东平等九人，山东七人，河东七人，河南九人，四川五人，云南二人，甘肃二人，岭北一人，陕西五人，辽阳二人，征东一人。总共七十五人。（需要说明的是，按新旧《元史·选举志》记载，汉人选拔名额分配情况是"大都十一人"，总数七十六人，多出一人。而《元典章》卷三十《礼部四·儒学》与《元史》不同，说大都分配到的名额为"一十"人，总数为七十五人，完全符合规定，今据以改正。之所以出错，估计是《元

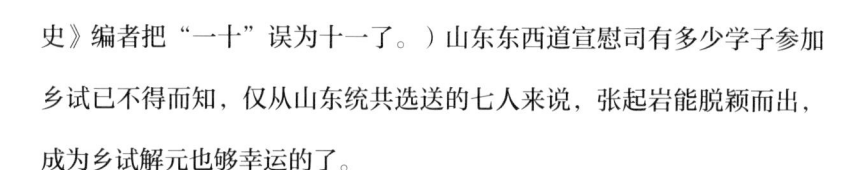

史》编者把"一十"误为十一了。）山东东西道宣慰司有多少学子参加乡试已不得而知，仅从山东统共选送的七人来说，张起岩能脱颖而出，成为乡试解元也够幸运的了。

典试乡试的是当时山东文化名人国子司业张临，张起岩曾师从张临求学。张临，淹贯经史，曾读书长白山中，学者称之为长白先生。杨维桢谓其"至元间由丘园官至国子祭酒"，而他自己则说"为司业，贰上庠（指被任为国子司业），仅半载"。除《章丘县志》《山东通志》外，杨维桢的《鲍孝子传》和王渔洋《池北偶谈》的《长白先生》均有较为详细的记述，这儿不再多加介绍。张临善为文。元仁宗延祐元年乡试，张临被"征拜国子祭酒，典试山东，得张起岩、邹惟学，皆一时名士"（《山东通志》卷二十八之二）。1932年所修《邹平县志》说，伏生、范仲淹、周起和张临，同祀乡贤祠。

张起岩是从益都发解的，因为山东东西道宣慰司治益都。按照"中书省所定条目"："乡试中选者，各给解据、录连取中科文，行省移咨都省，送礼部；腹里宣慰司及各路关申礼部。拘该监察御史、廉访司，依上录连科文申台，转呈都省，以凭照勘会试。"这就是说，各地考生的资料，乡试以后由行省、腹里宣慰司上报礼部，另外，由监察御史、廉访司再上报一份，由御史台转呈中书省，以便勘对。当时，山东东西道宣慰司直属朝廷管辖，称为"腹里"，试子及其资料直接解送礼部，时间大约在九月底。张起岩在元仁宗延祐五年所写的《沾化尹王公墓志铭》里说他"乡试自之罘（之罘，地名，在现烟台市福山区北部），便道候公，公已疾革。暨发解（唐宋时，凡应贡举者，由所在州县发遣解送至京，谓之发解，而元代则指乡试中选后取得参加会试资格）宣闻（指宣慰司），而不及执绋矣"。在延祐元年十一月二十六日所写的《祭沾化尹王公碑》里也说，"我来自东，公疾未差，官事有程，未遑展拜。怅旋归之迟暮，又执绋之不逮。讣音忽闻，使我心瘨"，所以他远在京都，写下这篇祭文，以告慰"识子稠人中，刮目待子"的王汝弼，并强调他以"门下士济南等路乡贡进士第一名"的身份，以清酌香楮之奠，致祭于王公之灵，以表达自己对王公终身感戴之情，且于不经意中说出了自己是"济南等路乡贡进士第一名"，是山东的解元。

3. 元代第一个汉人状元

为什么说张起岩是元代第一个汉人状元？这同元代朝廷对元代科举考试的特殊规定是分不开的。

在中国科举考试史上，一般说来一次考试产生一名状元，只有元代是个例外。元代朝廷实行民族歧视政策，把全国民众分为蒙古人、色目人、汉人和南人。蒙古人叫国人，政治地位最高，色目人次之，汉人又次之，南人最低。南人，指生活在原来属于南宋治下的江浙、江西、湖广三省和河南江北行省的襄、郧、两淮地区的汉族人，汉人则指原来生活在金朝治下的汉人、女真人、契丹人和渤海人等。元代的科举考试，也深受这种民族区隔政策的影响。《元史·选举志》说，按朝廷规定：蒙古人和色目人，汉人和南人同时应试，但分别拟题，分别考试，分别录取。"蒙古人、色目人作一榜，汉人、南人作一榜。第一名赐进士及第，从六品；第二名以下及第二甲，皆正七品；第三甲以下皆正八品。两榜并同。"因此，元仁宗延祐二年的科举考出了两个状元。张起岩是汉人和南人榜（史称左榜）状元，而护都沓儿为蒙古人和色目人榜（史称右榜）状元，时人戏称为"一榜两状元"。延祐二年的科举考试，是元代第一次真正的科举考试（此前有过，但不规范），因此说张起岩是元代第一个汉人状元。明朝叶子奇《草木子》卷三说"元朝建中台为御史大夫者，自陈缑山始。开科为状元，自张起岩始。缑山以德业举，起岩以人物举"，指出了张起岩中状元在元代科考史上划时代的重大意义。

张起岩参加礼部会试，张养浩是座主；及廷试，元明善为读卷官。《资治通鉴后编》卷一百六十五"仁宗延祐二年"说："二月乙卯朔，会试进士，命中书平章政事李孟、礼部侍郎张养浩知贡举，吴澄、杨刚中、元明善皆与焉。于是得人为多。"其中，张养浩和元明善同张起岩的关系最为密切。《元史·元明善传》说："延祐二年，会试天下进士，明善首充考试官。"张起岩或许是元明善所取的，因为他廷试的卷子就是元明善批的。宋褧《廷对贴黄引》说，他家藏有延祐二年廷对誊录试卷资料，卷首有读卷官考第甲乙的帖子，凡二十九帖。"护都沓儿等二十七卷，乃集贤直学士臣赵孟𫖯所批。张起岩、许有壬二卷，则翰林侍讲学士谥文敏元明善笔也。"元明善和张养浩是生死之交，两人共同主持了延祐二年和延祐五年两次贡举，张起岩和许有壬是他们主持延祐二年贡举时所录取的，所以张起岩和许有壬都说张养浩是他们的座主，而自己则是他的门生。许有壬在《张文忠公年谱序》里说："赠平章政事滨国文忠张公甍，南台中丞张起岩铭其碑，翰林学士欧阳玄序其文，江浙儒学提举黄溍纪其祠。三君洎有壬，皆延祐乙卯公主文所取进士也。"张起岩在《文忠张公神道碑铭》里也说："臣起岩伏惟生与文忠同里闬，为乡后学。应进士举，文忠为侍郎，实考会试，为门生。"又说："贡举初立，转礼部侍郎。明年，进士集京师，或谓试之严，可得真才，公曰：'场屋废且百年，一旦急之，得士必不广，恐沮后来。'竟议如公策，而不第者皆赐秩有差。"由此可见，张起岩对张养浩不但以"乡后学""门生"自称，在叙述他参加的这次贡举时，对"知贡举"的座主张养浩于字里行间都充满了敬佩之情。

4. 受"特旨"，得提拔

元仁宗对张起岩这个汉人状元还是挺器重的。"除同知登州事，特旨改集贤修撰，转国子博士，升国子监丞，进翰林待制。"（《元史·张起岩传》）

元代，登州隶属盘阳路。下辖蓬莱、黄县、福山、栖霞四县。元代的州分上、中、下三类，登州属于下州，人口较少。登州同知，为从六品之职。光绪本《登州府志》说：登州僻处海隅，为古代齐国极东之

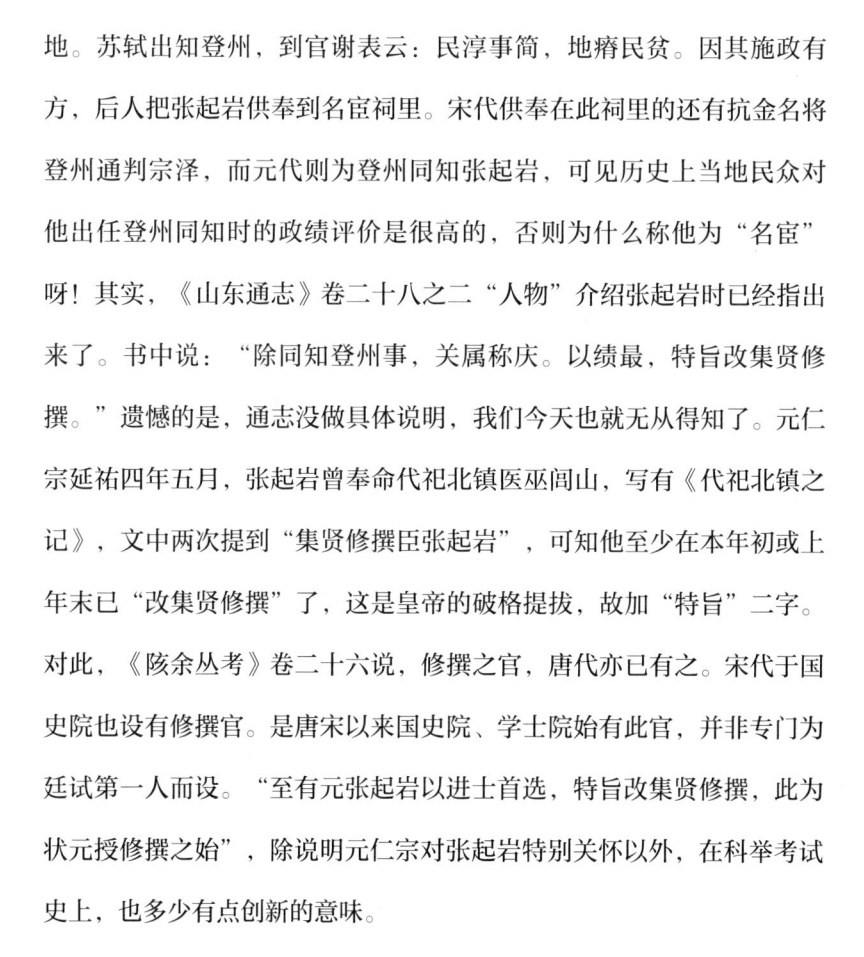

地。苏轼出知登州，到官谢表云：民淳事简，地瘠民贫。因其施政有方，后人把张起岩供奉到名宦祠里。宋代供奉在此祠里的还有抗金名将登州通判宗泽，而元代则为登州同知张起岩，可见历史上当地民众对他出任登州同知时的政绩评价是很高的，否则为什么称他为"名宦"呀！其实，《山东通志》卷二十八之二"人物"介绍张起岩时已经指出来了。书中说："除同知登州事，关属称庆。以绩最，特旨改集贤修撰。"遗憾的是，通志没做具体说明，我们今天也就无从得知了。元仁宗延祐四年五月，张起岩曾奉命代祀北镇医巫闾山，写有《代祀北镇之记》，文中两次提到"集贤修撰臣张起岩"，可知他至少在本年初或上年末已"改集贤修撰"了，这是皇帝的破格提拔，故加"特旨"二字。对此，《陔余丛考》卷二十六说，修撰之官，唐代亦已有之。宋代于国史院也设有修撰官。是唐宋以来国史院、学士院始有此官，并非专门为廷试第一人而设。"至有元张起岩以进士首选，特旨改集贤修撰，此为状元授修撰之始"，除说明元仁宗对张起岩特别关怀以外，在科举考试史上，也多少有点创新的意味。

张起岩"特旨改集贤修撰"后，努力工作，为国为民谋福祉。延祐"丁巳春，起岩以集贤修撰将旨代祀东海东镇"（《沾化尹王公墓志铭》），即前往莱州祭祀东海，前往沂州祭祀东镇沂山。这次"代祀"活动情况如何，因没有记载，详细情况便不得而知了。令人欣慰的是，同年五月他代祀北镇，写了一篇《代祀北镇之记》。他说："医巫闾山，奠于天东，比舜肇十有二州，已为幽州之镇。周因之。唐开元为北镇，爵广宁公。宋、金加王号。皇元奄有天下，怀柔百神……大德二年，封贞德广宁王，其岁祠同岳渎，著为定式，遣使致香币祝册，代行祀事无缺。延祐丁巳，集贤修撰臣张起岩奉命实来，越五月辛巳至祠所。"这段叙述说明了北镇医巫闾山的方位、历代祠祭的情况、元代祠祀的规格及其"代祀"的年月，下边还记下参加祭祀的有关官员，可见代祀四镇、四海的活动，还是相当庄严与隆重的。

不久，他"转国子博士，升国子监丞，进翰林待制"（《元史·张起岩传》）。综合有关资料可以推知：张起岩转国子博士在元仁宗延祐五年十二月之前，升国子监丞则在延祐七年十一月前后，而进翰林待制，则到元英宗至治二年了。

5. 散文创作已臻成熟

张起岩"博学有文"，在他进入仕途以后，便有诗文流传下来，今天能见到的以散文为多，计有《李氏先茔碑铭》《福山县加号大成至圣文宣王碑》《祭沾化尹王公碑》《重修德胜庙记》《代祀北镇之记》《元诏加大成宣圣碑》《福山县修学记》以及《武邑县学宫记》等十一篇作品，写于至大三年（1310）到延祐七年（1320）十年之间。张起岩著有《华峰漫稿》等三个文集，作品数量可观，这十多篇作品，不过是他众多作品的一小部分而已。

上述十多篇散文大致可归为杂记、碑志和祭文三类。杂记类主要

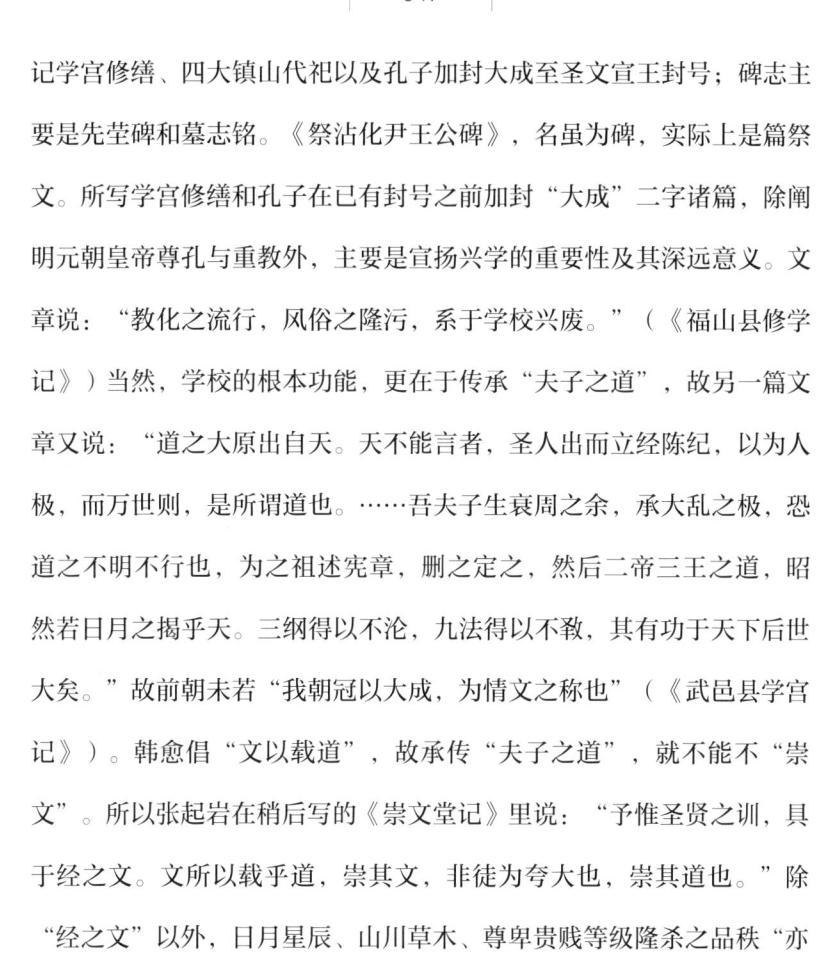

记学宫修缮、四大镇山代祀以及孔子加封大成至圣文宣王封号；碑志主要是先茔碑和墓志铭。《祭沾化尹王公碑》，名虽为碑，实际上是篇祭文。所写学宫修缮和孔子在已有封号之前加封"大成"二字诸篇，除阐明元朝皇帝尊孔与重教外，主要是宣扬兴学的重要性及其深远意义。文章说："教化之流行，风俗之隆污，系于学校兴废。"（《福山县修学记》）当然，学校的根本功能，更在于传承"夫子之道"，故另一篇文章又说："道之大原出自天。天不能言者，圣人出而立经陈纪，以为人极，而万世则，是所谓道也。……吾夫子生衰周之余，承大乱之极，恐道之不明不行也，为之祖述宪章，删之定之，然后二帝三王之道，昭然若日月之揭乎天。三纲得以不沦，九法得以不斁，其有功于天下后世大矣。"故前朝未若"我朝冠以大成，为情文之称也"（《武邑县学宫记》）。韩愈倡"文以载道"，故承传"夫子之道"，就不能不"崇文"。所以张起岩在稍后写的《崇文堂记》里说："予惟圣贤之训，具于经之文。文所以载乎道，崇其文，非徒为夸大也，崇其道也。"除"经之文"以外，日月星辰、山川草木、尊卑贵贱等级隆杀之品秩"亦无非文也"。"大哉文乎！固天所以盖经纬万类，而亦不得不为之文欤！至若方册所载其文，文之犹著者欤。"所以为学之人不能"徒知诵其文而不求其义，徒示崇其文而不由其道"，应当"日从事于斯文，而动静语默之间必由斯道，庶于崇文之义为无悖"，才不辜负"名教之所望"。

碑志文就是刻在石碑上的文辞。碑文又有碑志和碑铭。碑志，以

张起岩

碑记事的意思。铭，铭刻的意思。上古时代，古人尝在钟鼎等器物上刻字纪功，后来则刻字于石，所以《文心雕龙·诔碑》说"以石代金，同乎不朽"。《沾化尹王公墓志铭》这一篇优秀的碑志，是张起岩应王士弘之请为其父王汝弼撰写的。碑文对王汝弼的家世、仕历政绩、荐己察举及其个人品格做了详略不同的描述，可谓神来之笔，句句精当，在上一部分讲张起岩被察举为福山县学教谕时已引用过一些段落，这儿不再涉及。仅举其描述王汝弼个人品格的一段做个范例吧。碑文写道，王汝弼：

资高洁温粹，风度凝远，平居寡言笑，循蹈规矩，读书精思潜泳，笃于力行。蚤失所恃，事继母李氏刘氏以孝闻，敬其姊如所生，于其弟友爱尤笃。出入里闬间，雅饬有常，望之知为承平故家也。讲劘经史，推究治道，言论有据依（意为依凭）。方众语纷然，徐以一二言折之，而其识趣独远到。精于鉴裁，辨而不间，励于进修，严而有容。至于炉熏棐几，与知己考论文艺，玩索古人，用意精切。处法书名画，品第高下，丝发不少贷。或啜茶对弈，喜气津津，洋溢眉宇间。清谈亹亹，留客不容去，使人爱之而不能忘也。诗律清新，有唐人风调，字画端楷，如其为人。思巧致，凡朴斫制裁镂刻，一经指授，咸称精绝，虽专门执其艺，亦自以为不逮也。下至骑射、棋博、击鞠，亦极其能，然以少年事，羞之不道也。与人交，详款诚至，愈久愈敬。见其善，称道奖与，不啻若己出。其有不及，委曲开导，必归于公是而止。其或匿乏，辄周恤不之靳。性谦抑，未尝暴白所长。而凡近不自振厉者，先沮缩退避，不敢求见。

内容如此翔实，文字如此清新自然，气盛辞达，婉转有致，是一段不可多得的美文。可以毫不夸张地说，这篇墓志铭是元代散文的珍品，置之历代散文大家的作品中也未必有多少逊色。

第五章
勇斗权相的监察御史

张起岩

《元史·张起岩传》说："丁内艰，服除选为监察御史。中书参政杨廷玉以墨败，台臣奉旨就庙堂逮之下吏。丞相倒剌沙疾其摧辱同列，悉诬台臣罔上，欲置之重辟。起岩以新除留台，抗章论曰：……章三上，不报。起岩廷争愈急，帝感悟，事乃得释，犹皆坐罢免还乡里。"有哪些台臣揭露过杨廷玉的不法行为？权相倒剌沙庇护杨廷玉的真实原因是什么？张起岩为什么再三上章且"廷争愈急"？史无明言，我们只能根据有关资料加以大概地梳理与论析。

1. 自当与李思明反对杨廷玉贪腐的斗争

杨廷玉，又写作杨庭玉，《元史》无传，也没有多少记载，只知道泰定帝即位之初他是宣政院同知，泰定元年三月，晋升为中书参知政事。本年五月，御史台臣秃忽鲁和纽泽以御史言："灾异屡见，宰相宜避位以应天变，可否仰自圣裁。顾惟臣等为陛下耳目，有徇私违法者，不能纠察，慢官失守，宜先退避，以授贤能"（《元史·泰定帝纪》一），含蓄地把反腐斗争的矛头指向杨廷玉等人。于是，丞相旭迈杰、倒剌沙、张珪、杨廷玉皆抗疏乞罢，以反制御史台臣，并向泰定帝施压。泰定帝刚登上皇帝宝座不到一年，对朝廷大臣的内部争斗不敢大意，于是采取息事宁人的态度说："卿若皆辞避而去，国家大事，朕孰与图之。宜各相谕，以勉乃职"（出处同上），要双方各自做好自身的公务，少管别人，这次反对杨廷玉贪腐的斗争被暂时搁置下来。

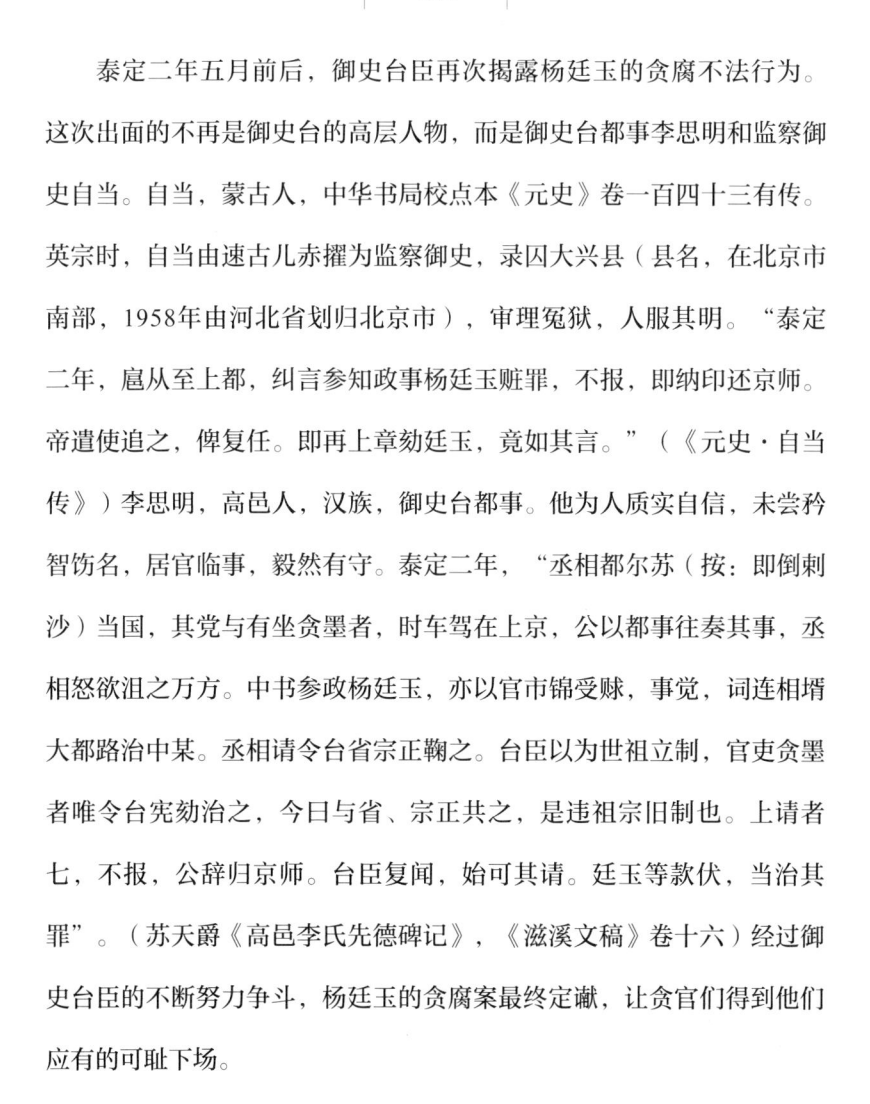

泰定二年五月前后，御史台臣再次揭露杨廷玉的贪腐不法行为。这次出面的不再是御史台的高层人物，而是御史台都事李思明和监察御史自当。自当，蒙古人，中华书局校点本《元史》卷一百四十三有传。英宗时，自当由速古儿赤擢为监察御史，录囚大兴县（县名，在北京市南部，1958年由河北省划归北京市），审理冤狱，人服其明。"泰定二年，扈从至上都，纠言参知政事杨廷玉赃罪，不报，即纳印还京师。帝遣使追之，俾复任。即再上章劾廷玉，竟如其言。"（《元史·自当传》）李思明，高邑人，汉族，御史台都事。他为人质实自信，未尝矜智饰名，居官临事，毅然有守。泰定二年，"丞相都尔苏（按：即倒剌沙）当国，其党与有坐贪墨者，时车驾在上京，公以都事往奏其事，丞相怒欲沮之万方。中书参政杨廷玉，亦以官市锦受贼，事觉，词连相埒大都路治中某。丞相请令台省宗正鞫之。台臣以为世祖立制，官吏贪墨者唯令台宪劾治之，今日与省、宗正共之，是违祖宗旧制也。上请者七，不报，公辞归京师。台臣复闻，始可其请。廷玉等款伏，当治其罪"。（苏天爵《高邑李氏先德碑记》，《滋溪文稿》卷十六）经过御史台臣的不断努力争斗，杨廷玉的贪腐案最终定谳，让贪官们得到他们应有的可耻下场。

2. 倒剌沙对贪官的袒护与对台臣的迫害

倒剌沙，回族人，《元史》无传。中华书局校点本《元史》写作倒刺沙，四库本《元史》作"都尔苏"，其实是一个人。

泰定帝也孙铁木儿为晋王时，镇北边，倒刺沙是王府内史，得幸于帝。元英宗时，拜住为丞相，倒刺沙常侦伺朝廷事机，让他的儿子哈散事丞相拜住，且入宿卫。久之，哈散归，言御史大夫铁失与拜住意相忤，欲倾害他。元英宗至治三年三月，宣徽使探忒来晋王邸，对倒刺沙说："主上将不容于晋王，汝盍思之。"于是，倒刺沙与探忒深相要结。八月二日，晋王猎于秃刺之地，铁失密遣斡罗思来告诉倒刺沙说："我与哈散、也先铁木儿、失秃儿谋已定，事成，推立王为皇帝。"是月癸亥夕，铁失等矫杀拜住，英宗同时遇害，也孙铁木儿遂即位为皇帝，是为泰定帝，并以也先铁木儿为中书左丞，倒刺沙为中书平章政事。两三年间，倒刺沙不断加官晋爵，成为泰定帝的死党。泰定帝死后，倒刺沙立其子为皇帝，和元文宗对抗，后被元文宗处死。故苏天爵说："且如阿合马、桑哥、帖失、倒刺沙之流，皆当明著其欺罔之罪，弑逆之谋，庶几奸邪之徒有所警畏。"（苏天爵《修功臣列传》，《滋溪文稿》卷二十六）

不论是袒护同党还是迫害台臣，倒刺沙都无所不用其极。哈哈在元英宗至治年间违法贷官钞往番邦经商，得宝货不计其数，法当没收入官。而倒刺沙私其同种之人，不被允许（《钦定续文献通考》卷二十六）。"丞相倒刺沙疾其摧辱同列，悉诬台臣罔上，欲置之重辟"（《元史·张起岩传》），以保护其"党与"杨廷玉。其实，保杨廷玉也是保护他自己，因为杨廷玉"亦以官市锦受赇"，东窗事

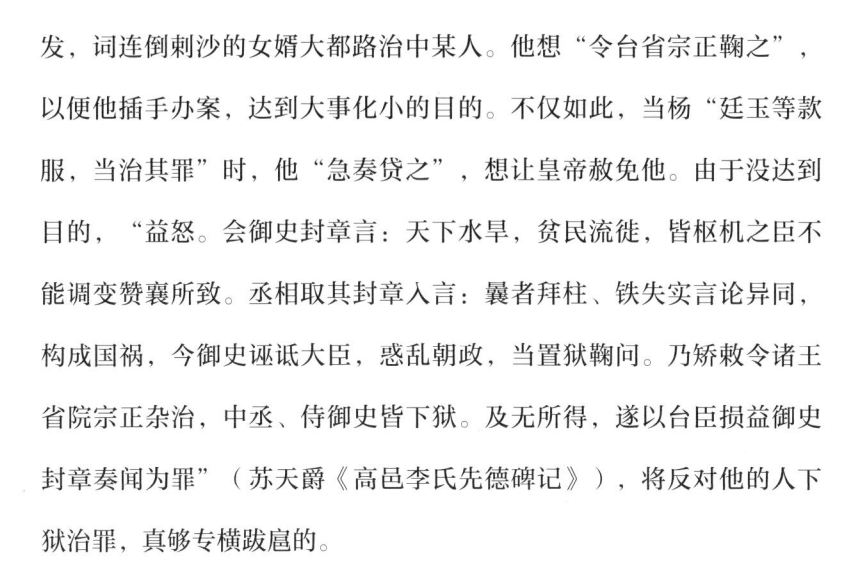

发，词连倒剌沙的女婿大都路治中某人。他想"令台省宗正鞠之"，以便他插手办案，达到大事化小的目的。不仅如此，当杨"廷玉等款服，当治其罪"时，他"急奏贷之"，想让皇帝赦免他。由于没达到目的，"益怒。会御史封章言：天下水旱，贫民流徙，皆枢机之臣不能调燮赞襄所致。丞相取其封章入言：曩者拜柱、铁失实言论异同，构成国祸，今御史诬诋大臣，惑乱朝政，当置狱鞠问。乃矫敕令诸王省院宗正杂治，中丞、侍御史皆下狱。及无所得，遂以台臣损益御史封章奏闻为罪"（苏天爵《高邑李氏先德碑记》），将反对他的人下狱治罪，真够专横跋扈的。

3. 张起岩勇斗权相大获全胜

张起岩在《赠朝列大夫金太常礼仪院事骑都尉追封扶风郡伯马氏先德碑记》里说："泰定二年夏五月，余拜监察御史，时马君象先为同官。"由此可知本传所说的"丁内艰，服除，选为监察御史"在泰定二年五月，而且是"以新除留台"，即刚刚履新监察工作，就碰上御史台台臣同权相倒剌沙斗争这一棘手问题。

《元史·百官志》说：御史台设御史大夫、御史中丞、侍御史和治书侍御史，"掌纠察百官善恶，政治得失。至元五年，始立台建官"。其属有二：一殿中司，二是察院。"察院，秩正七品，监察御史三十二员。司耳目之寄，任刺举之事。"张起岩被选为监察御史，就是做皇帝的耳目，纠察百官善恶，是为维护朝廷纲纪服务的。张养浩说："仕宦而至御史，要莫甚焉，平昔所怀，庶乎其可言矣。"（《送郭幹卿序》）又说："夫台宪之职，无内外远迩之分，凡有所知，皆得尽言以闻于上。"（《风宪忠告·纠劾第七》）这是监察御史的职责，也是监察御史的权力，张起岩上章泰定帝，阐述的正是这个道理。他说：

> 台臣按劾百官，论列朝政，职使然也。今以奉职获戾（罪过），风纪解体，正直结舌，忠良寒心，殊非盛世事。且世皇建台阁，广言路，维持治体，陛下即位诏旨，动法祖宗。今台臣坐谴，公论杜塞，何谓法祖宗耶！

张起岩三上奏章，不会这么简短，可以肯定，这段话是他所上奏章的核心部分、精华所在，所以史臣才把这段话写到他的传里去。这段话有三个意思，一是"按劾百官，论列朝政"，这是台臣的职责，不存在"罔上"的问题，和"摧辱同列"更沾不上边，倒刺沙强加给台臣的种种罪名纯属捏造，当然是站不住脚的。二是如今台臣"奉职获戾（罪过）"，后果非常严重，将使"风纪解体，正直结舌，忠良寒心"，今后谁还愿意仗义执言、为国尽忠呀！三是责备皇帝言行不一，有违祖训。元世祖忽必烈是元代圣主明君，在位三十余年，建章立制，奠定了元朝立国的基础与规模，在其子孙中享有崇高的威望，不论谁登基称帝，都在即位诏中写上遵世祖旧制，泰定帝也不例外。张起岩的奏章便紧紧抓住这个要害问题，指出元世祖建台设官，广开言路，维持治体，为其后的皇帝树立了榜样，"陛下即位诏旨，动法祖宗。今台臣坐谴，公论杜塞，何谓法祖宗耶"。其奏章义正词严，皇帝感悟，事乃得释，结果杨廷玉治罪，倒剌沙降职，台臣无罪获释，张起岩上疏可谓有回天之力。遗憾的是由于泰定帝抱有偏见，曾下"诏整饬御史台"，又"敕以刑狱复归宗正府，依世祖旧制，刑部勿问"，再加上倒剌沙势力强大，台臣虽无罪获释，仍被"罢免还乡里"，李思明便是罢职还乡的台臣之一，其他还有谁便不得而知了。尽管如此，这段奏章仍被后人收入《历代名臣奏议》，永垂青史了。

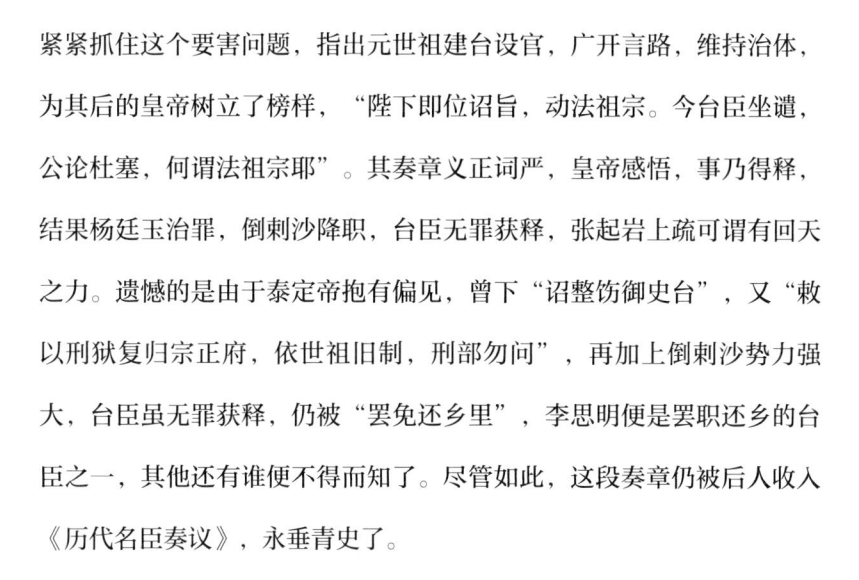

"天子耳目，属之宪台"，张起岩在后来写的江南《行台公署察院正厅记》里，再次强调台臣对维护国家法纪、纠奸绳恶的重要作用。他坚持认为御史台的工作应当"剖析厘正，公道廓清""于以矜式"，成为执法公正、维系治体的典范，而不是相反。因此，台臣必须做到"贪夫掊利有以治之，酷吏戕民有以诘之，滥官败俗有以纠之，邪人蠹政有以去之；使循良者得以成其治，抑屈者得以申其情，困乏者得以休其力，耕凿者得以安其生"，上为天子分忧，下为百姓谋福祉，除暴安良，这便是御史台及其台臣的神圣职责。台臣决不能"倚法作威，以陷善良；党恶植私，以专报复；耻过遂非，以欺卑弱；强辩矫诬，以紊条格；敦灭典常，曾不顾省"，否则自贻伊戚，鬼神得而诛之。义正词严，是非分明，深契台宪之旨。从中可以窥见张起岩"铁面御史"的风范和崇高品质。

如欧阳玄所说:"有伟国彦,积文策勋。奏篇大廷,上申不群。"泰定帝对起岩也很器重。明年,张起岩迁中书右司员外郎,进左司郎中,没因"廷争愈急"而遭受打击,这也是不同寻常的。

4. 尝试改革国子监积分贡士法

《元史·张起岩传》说,起岩试进士及第,"特旨改集贤修撰,转国子博士,升国子监丞"。国子博士,"掌教授生徒、考校儒人著述、教官所业文字";监丞,正六品,专领监务。

元代国子监设置较早,但学制不够完备。元仁宗即位之初,时论以为台臣齐履谦有学行,可教国子学子弟,擢国子监丞兼国子司业,与吴澄并命,时号得人。延祐元年(1314),命国子生岁贡六人,以入学先后为次第。齐履谦说:"不考其业,何以兴善而得人。"乃因旧制,创升斋、积分法。规定国子生每季考其学行,以次递升,经过考试,辞理俱优者一分,辞平理优者半分,岁终积至八分者充高等,以四十人为限额。然后,由集贤院和礼部定其艺业,选其及格者六人以充岁贡;三年不通一经及在学不满一岁者,并黜之。自是人人励志,多文学之士。(《元史·齐履谦传》)

元仁宗延祐二年秋八月,用集贤学士赵孟𫖯、礼部尚书元明善所议国子学贡士之法,制定出新的贡士法。该法分三个部分:一、升斋等第;二、私试规矩;三、黜罚科条。按升斋等第规定,国子学分上、中、下三斋，而上、中、下又分东西两斋。下两斋课业为诵书讲说和小学属对；中两斋讲说四书、课试诗律；上两斋讲说《易》《书》《诗》《春秋》，习明经义等程文。每斋员数不等，每季考其所习经书课业，及不违规矩者，以次递升。所谓私试规矩，除去讲汉人、蒙古人和色目人要考试不同的内容外，考试也采用积分法，积分办法与齐履谦所定的办法一致，这儿不再重复。所谓黜罚科条，是指对违规者的处分办法。如规定"私试积分生员，其有不事课业及一切违戾规矩者，初犯罚一分，再犯罚二分，三犯除名"；"应已补高等生员，其有违戾规矩者，初犯殿试一年，再犯除名"；"应在学生员，岁终实历坐斋不满半岁者，并行除名"；"汉人生员三年不能通一经及不肯勤学者，勒令出学。其余责罚，并依规矩"，对各类生员要求都是很严格的。

应该说赵孟頫和元明善议定的这个贡士法是比较完备的，积分法也比较科学可靠，张起岩为什么要改积分法为"推择德行"法，因资料缺乏，我们很难说清楚他的推法，更无从和积分法进行比较了。今天能看到的资料只有《元史·许有壬传》两人争议的一段记载，全文是：

> 国学旧法，每以积分次第贡以出官，执政用监丞张起岩议，欲废之，而以推择德行为务。有壬折之曰："积分虽未尽善，然可得博学能文之士，若曰惟德行之择，其名固佳，恐皆厚貌深情，专意外饰，或懵不能识丁矣。"议久不决。三年六月，升右司郎中，其事遂行，已而复寝。

《元史·选举志》说："泰定三年夏六月，更积分而为贡举"，"其贡试之法，从监学所拟，大概与前法略同，而防闲稍加严密"。又说四年九月，敕"国子监仍旧制岁贡生员业成者六人"，张起岩尝试改革国子监积分贡士法仅试行了一年多的时间也就废止了。大约史臣对此改革也持保留态度。出于为尊者讳的目的，采用互见手法，把它写到了《元史·许有壬传》里了。

5. 张起岩为母居丧期间的散文写作

《元史·张起岩传》说："丁内艰，服除，选为监察御史。"内艰，遭母丧也。丁内艰，意思是为母亲居丧。张起岩在《马氏之先德碑记》里说："泰定二年（1325）夏五月，余拜监察御史，时马君象先为同官。"因知张起岩丁内艰当在泰定二年夏五月之前。张养浩《制中辞吏部尚书》诗说"三年非我独，贵贱天下通"，可见元代汉人官员为父母居丧习惯上也是三年。由泰定二年夏五月往前推三年，时当元英宗至治二年（1322）。张起岩在《胶州加封至圣文宣王碑》里说，至治壬戌（即至治二年）胶州守臣达鲁花赤普颜不花和知州刘庆甫等遣教谕王思温致书走京师丐文，可知本年年初张起岩还在京任职，这说明张起岩回济应在二三月份，因知张起岩"丁内艰"当在至治二年（1322）二三月份之后到泰定二年夏五月之间。

在为母居丧期间，张起岩所写文章有年份可考的现存作品，计有以下九篇：《胶州加封至圣文宣王碑》（至治二年年初）、《齐河冀氏先茔之碑》（至治二年三月）、《刘文简公祠堂记》（至治二年五月）、《肥城县加封大成至圣文宣王记》（至治三年）、《亳州天静宫兴造碑》（至治三年）、《迎祥宫碑》（至治三年十月）、《临淄县加封大成至圣文宣王记》（泰定元年）、《潍州庙学大成门记》（泰定二年春三月）和《劳山聚仙宫记》（泰定二年）。这里需要说明的是，《亳州天静宫兴造碑》题下及文末均注明此碑写于"至顺三年"，事实上"顺"当为"治"字之误。因为碑文开头张起岩就说"余自翰林丁内艰，家居济南"，文末落款是"翰林待制兼国史院编修官张起岩"，这是张起岩"丁内艰"前的官衔，和"至顺三年"没有关系。而《劳山聚仙宫记》，写于泰定二年上半年还是下半年，那倒是值得关注的，这里就不去探讨了。

这九篇散文主要写

舜井街舜园中的"迎祥宫碑"

了三个内容。"加封大成至圣文宣王"三篇是颂扬元代尊孔读经、崇文右学的德政的，上文已有所涉及，这儿不再赘述。天静宫碑、迎祥宫碑和聚仙宫记"三宫"碑记是写道家和道教（这儿指全真教）的产生、发展和流布的，《刘文简公祠堂记》是写章丘历史文化名人刘敏中的，这四篇拟放到后边集中描述，这儿也暂时放下，只对《齐河冀氏先茔之碑》做些描述。《齐河冀氏先茔之碑》，是写左都卫知事、经历官齐河晏城冀克让先人的德业和封赠的。此碑除历叙冀氏家世与封赠外，着重描写了冀克让父母的美德。其父幼喜读书，雅尚节义；以功补蕲县万户府知事，以亲老乞归，谨畏自将，不再出入官府；性节俭，衣物不尚华饰；重视农桑，治家严肃；平时以孝弟忠信教育子孙，待族人以礼，人无间言。其母刘氏，恂执妇道，为乡里所称；虽无丰功伟业，却为乡里善人，历来为哲人所赞许。更重要的是张起岩认为他父母的美德，是齐鲁山川和齐鲁文化熏陶孕育的结果，赋予他父母的美德以更加深远的普世价值。他说："岱宗绵亘齐鲁，群山环峙，根连脉接，如小侯之事大国。其下沃壤千里，桑麻蓊蔚。济水自西南来，旋折北东，川谷奔凑，若玉帛之辑王庭。余波所及，膏腴丰润。齐鲁自昔称礼义邦，岂山川扶舆，磅礴之气钟于人物者多，故其为教易耶！齐河，齐西邑，左瞻泰山，挟以济水，故其俗淳庞而长厚，人蕴藉而秀发，服儒衣冠，诵孔孟书者比比皆是。"真所谓山美、水美、人亦美，冀氏先人能挺拔自立，也就成为历史的必然了。《齐河冀氏先茔之碑》文字朴实秀美，构思新颖不俗，绝非一般"谀墓"之作可比。

第六章
元文宗"亲郊"的大礼使

张起岩

《元史·张起岩传》说："丁外艰，服除，改燕王府司马，拜礼部尚书。文宗亲郊，起岩充大礼使……帝甚嘉之……"外艰，丧父也。丁外艰，意为为父居丧。张起岩何时"丁外艰"？他如何规划导引文宗"亲郊"？文宗驾崩后他在政治上又有哪些作为？兹据有关资料做如下探讨、论析。

1. 张起岩"丁外艰"的时间

欧阳玄在为张起岩父亲张范撰写的《元封秘书少监累赠中奉大夫河南江北等处行省参知政事护军追封齐郡公张公先世碑》（以下简称《齐郡公张公先世碑》）说：其父张范"天历戊辰正月二十七日，就养京师，卒年七十有七。"戊辰，为元文宗天历元年（1328）；张起岩所撰《武德碑铭》说"致和改元夏五月朔旦，山东宣慰副使致仕亚中武公，即起岩华峰里居"，请他为亚中武公撰先德碑铭。致和改元即元泰定帝泰定五年改为致和元年（1328）。致和元年也就是天历元年。这两则资料证明，张起岩"丁外艰"始于天历元年春天。他何时"服除"呢？《元史·张起岩传》说他"丁外艰，服除，改燕王府司马，拜礼部尚书"。《齐郡公张公先世碑》说他"转太子左赞善、燕王司马，拜礼部尚书，参议中书省事"。燕王，元文宗的皇太子。《元史·文宗纪》说：至顺元年（即天历三年，公元1330年）三月，"封皇子阿剌忒纳答剌为燕王，立宫相府总其府事，秩正二品，燕铁木儿领之"。又说：至

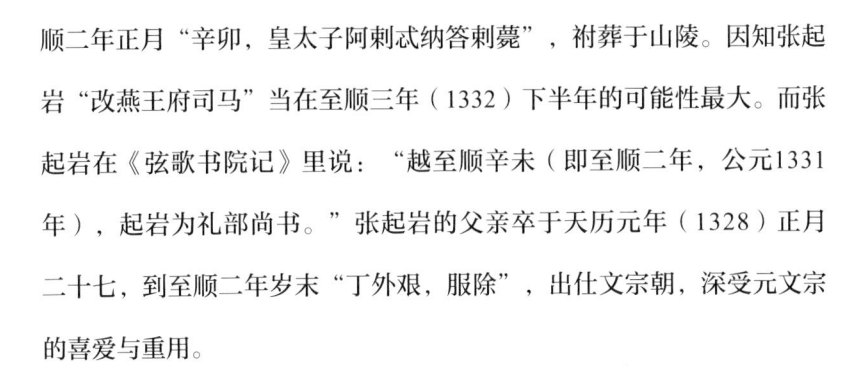

顺二年正月"辛卯,皇太子阿剌忒纳答剌薨",祔葬于山陵。因知张起岩"改燕王府司马"当在至顺三年(1332)下半年的可能性最大。而张起岩在《弦歌书院记》里说:"越至顺辛未(即至顺二年,公元1331年),起岩为礼部尚书。"张起岩的父亲卒于天历元年(1328)正月二十七,到至顺二年岁末"丁外艰,服除",出仕文宗朝,深受元文宗的喜爱与重用。

为什么要厘清张起岩"丁外艰"的时间呢?这和时代的风云变幻有着密切的关系。

天历元年(1328)是张起岩"丁外艰"即为亡父守丧的第一年,也是元代建国以来风云诡谲的政治斗争最险恶的一年。自元成宗逝世以后,皇位的争夺一直就没停止过,到了泰定帝逝世时已达到了白热化的地步。致和改元七月庚午,泰定帝病死上都,皇位的争夺便在元文宗与泰定帝之子天顺帝以及文宗和明宗兄弟二人之间先后展开。泰定帝一死,时居大都的燕铁木儿便立元武宗次子图帖睦尔即皇帝位,是为元文宗;而倒剌沙则在上都立泰定帝之子阿速吉八为天顺帝,一时间出现了南北二帝并存的局面。宗王大臣也随之分成两派,各为其主而战,而上都方面的军队还一度打到大都郊外。经过长达三四个月的血战,元文宗最终获胜,遂改元天历,即位称帝。时文宗之兄和世㻋远在漠北,亦有意称帝。元文宗表面上装得很恭顺,派出大臣到漠北去劝进,且奉上玉玺,和世㻋不知就里,遂于天历二年(1329)正月即位于和宁之北,是为明宗。然后起驾南下,于同年八月和从大都来迎的文宗相遇。兄弟二人相见不久,明宗暴死,文宗复正皇帝位,遂返大都。在这场残酷的帝位争夺战中,除倒剌沙之类的前朝死党被处死之外,也有些朝臣如省参议王继学被流放南方。据《元史·刘德温传》说,"永平(今河北省卢龙县)当天历兵革之余,野无居民",可见当时帝位争夺之惨烈。国家不幸诗人幸。当时,张起岩正在济南华峰里居为父居丧,远离了这场帝位争夺的政治斗争旋涡,丝毫没受牵连。他再次出山后,一帆风顺,步步高升,这不能不说是他人生道路不幸之中的万幸了。

2. 元文宗"亲郊"的大礼使

元文宗是在至顺元年(1330)冬十月辛酉,躬赴南郊祭昊天上帝的。著名文人孛术鲁翀任礼仪使,礼部尚书张起岩充任大礼使。对于郊祀,现代读者非常陌生,所以有必要对我国古代郊祀礼仪和元代郊祀情形多少做点追忆。

郊祀,是我国古代帝王祭祀天地的隆重礼仪,因为用于祭祀的祭坛设在郊外,所以叫郊祀。唐代颜师古说:郊祀,祀于郊也。按照礼仪的规定,冬至时,皇帝到南郊去祭天;夏至时,皇帝到北郊去祭地。假使皇帝不能去祭祀,就派遣大臣去祭祀,那叫作摄祀或摄祭,所以把皇帝躬祀天地叫作"亲郊"。从夏、商、周开始,到明、清为止,无一例外。因为"祭天,国之大事也"。只是到了清朝灭亡以后,这种郊祭大典便被废止了。

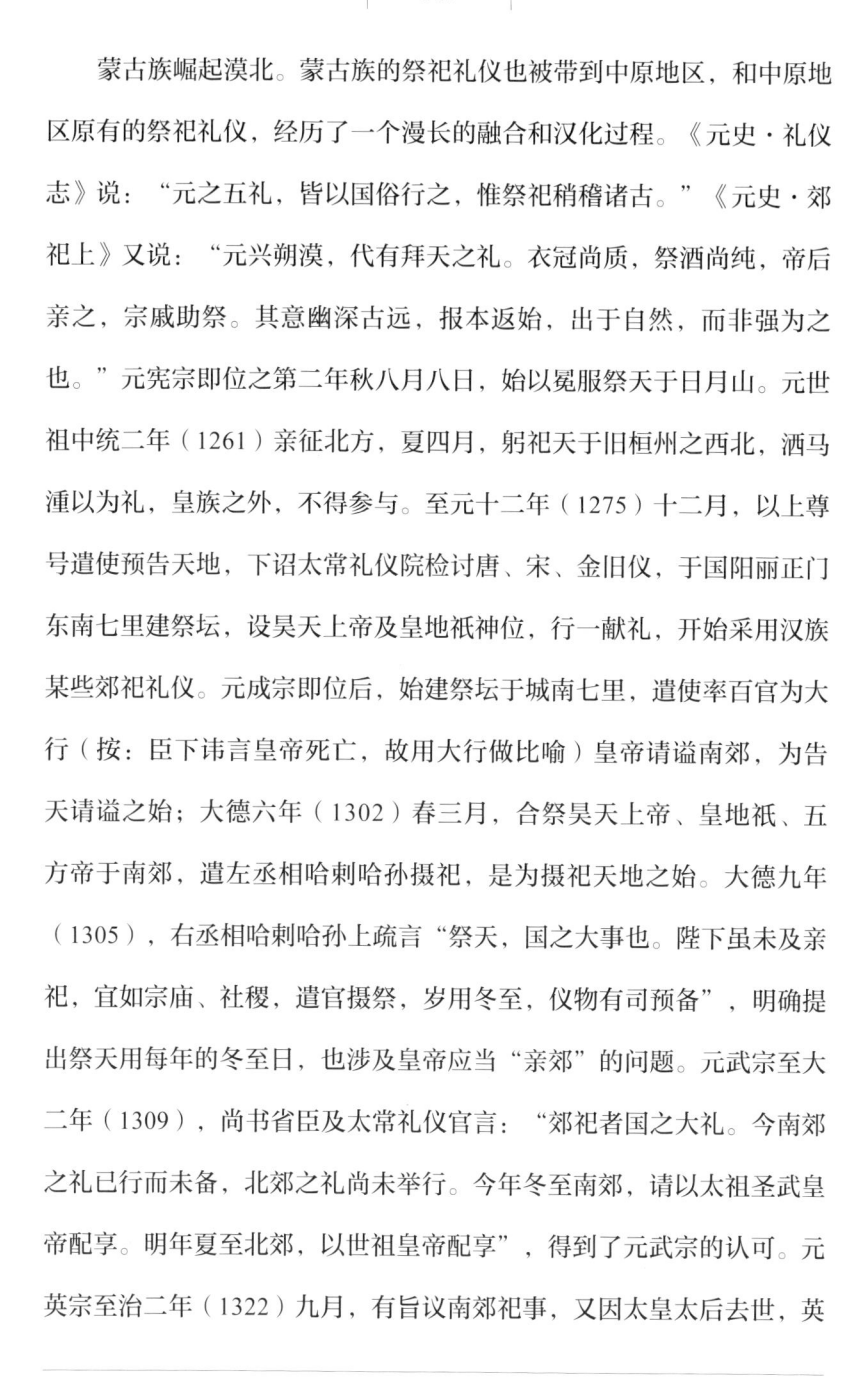

蒙古族崛起漠北。蒙古族的祭祀礼仪也被带到中原地区，和中原地区原有的祭祀礼仪，经历了一个漫长的融合和汉化过程。《元史·礼仪志》说："元之五礼，皆以国俗行之，惟祭祀稍稽诸古。"《元史·郊祀上》又说："元兴朔漠，代有拜天之礼。衣冠尚质，祭酒尚纯，帝后亲之，宗戚助祭。其意幽深古远，报本返始，出于自然，而非强为之也。"元宪宗即位之第二年秋八月八日，始以冕服祭天于日月山。元世祖中统二年（1261）亲征北方，夏四月，躬祀天于旧桓州之西北，洒马湩以为礼，皇族之外，不得参与。至元十二年（1275）十二月，以上尊号遣使预告天地，下诏太常礼仪院检讨唐、宋、金旧仪，于国阳丽正门东南七里建祭坛，设昊天上帝及皇地祇神位，行一献礼，开始采用汉族某些郊祀礼仪。元成宗即位后，始建祭坛于城南七里，遣使率百官为大行（按：臣下讳言皇帝死亡，故用大行做比喻）皇帝请谥南郊，为告天请谥之始；大德六年（1302）春三月，合祭昊天上帝、皇地祇、五方帝于南郊，遣左丞相哈剌哈孙摄祀，是为摄祀天地之始。大德九年（1305），右丞相哈剌哈孙上疏言"祭天，国之大事也。陛下虽未及亲祀，宜如宗庙、社稷，遣官摄祭，岁用冬至，仪物有司预备"，明确提出祭天用每年的冬至日，也涉及皇帝应当"亲郊"的问题。元武宗至大二年（1309），尚书省臣及太常礼仪官言："郊祀者国之大礼。今南郊之礼已行而未备，北郊之礼尚未举行。今年冬至南郊，请以太祖圣武皇帝配享。明年夏至北郊，以世祖皇帝配享"，得到了元武宗的认可。元英宗至治二年（1322）九月，有旨议南郊祀事，又因太皇太后去世，英宗下令南郊祀事暂时停办。泰定四年（1327）春天，御史台言："自世祖迄英宗，咸未亲郊，惟武宗、英宗亲享太庙，陛下宜躬祀郊庙。"而泰定帝却说"朕当遵世祖旧制，其命大臣摄行祀事"，回绝了台臣请他"亲郊"的建议。元文宗于至顺元年（1330）亲祀昊天上帝于南郊，以太祖配享，获得史臣好评，《元史·祭祀一》说"自世祖混一六合，至文宗凡七世，而南郊亲祀之礼始克举"行，可见元文宗"亲郊"在元代祭祀史上是一件历史性的"国之大事"。

元文宗"亲郊"的祭坛在元大都（今北京市）丽正门外的正南方，占地凡三百八十亩稍多一点，分上、中、下三层，上层纵横五丈，中层十丈，下层十五丈。东、西、南、北四面各设一座登坛的台阶，每座台阶都是十二级，纵横贯通。祭坛四周建有古名叫壝的两道低矮的土围墙，墙头俱护以甓。里边的土围墙叫内壝，去坛二十五步，外边的土围墙叫外壝，去坛五十四步，内外围墙各高五尺。内外围墙各开四门，外壝南墙开棂星门三，东、西棂星门各一。门都漆成红色。在内外两道围墙之间搭建一座大幄帐，供祭祀那天皇帝祀天时居止，名叫大次；在祭坛与里边的围墙之间搭建一座小幄帐，为皇帝祭祀中间临时"退俟之处"，叫小次。祭坛形式与北京的地坛近似，只是风貌与具体设施有所不同而已。

跟随元文宗祀天的高级官员有一百二十多名。亚献官为中书右丞燕铁木儿，终献官为御史大夫贴木儿补化。礼部尚书张起岩充大礼使。据《五礼通考》卷三十说："大礼使总一行大礼事务。行事日复从皇帝

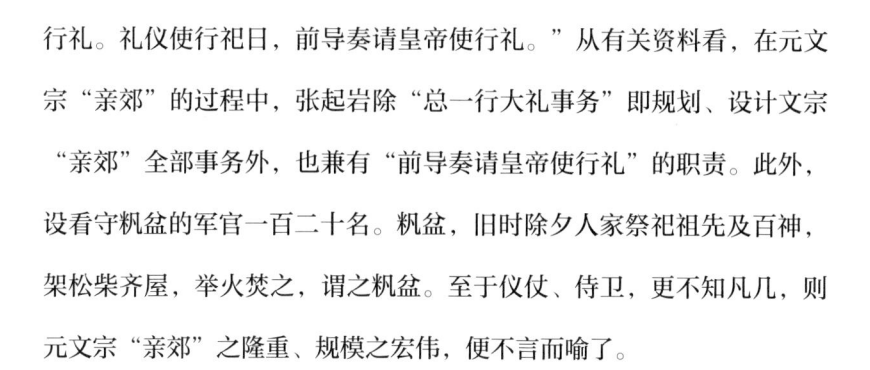

行礼。礼仪使行祀日，前导奏请皇帝使行礼。"从有关资料看，在元文宗"亲郊"的过程中，张起岩除"总一行大礼事务"即规划、设计文宗"亲郊"全部事务外，也兼有"前导奏请皇帝使行礼"的职责。此外，设看守籸盆的军官一百二十名。籸盆，旧时除夕人家祭祀祖先及百神，架松柴齐屋，举火焚之，谓之籸盆。至于仪仗、侍卫，更不知凡几，则元文宗"亲郊"之隆重、规模之宏伟，便不言而喻了。

神位与配位。昊天上帝之神位居天坛中央，少北，皇地祇（也叫后土）神位居昊天上帝神位之东，少却，皆南向。神席的边沿都用缯装饰起来，绫褥素座，昊天上帝色皆用青，皇地祇色皆用黄，下边都垫上藁秸。元太祖的配享神位居东，西向。神席为绫褥锦方座，皆用青色，神席下面垫以蒲越。

以上说的是郊祀的有关情况，下面简要介绍文宗"亲郊"及张起岩充任亲郊大礼使的情况。

文宗"亲郊"礼仪完备，庄严肃穆。全程包括斋戒、告配（告庙请太祖配享）、车驾出宫、陈设、省牲器、习仪、奠玉币、进馔（也叫进熟）、望燎和车驾还宫等十项内容。其核心部分为奠玉币和进馔，所以在这里主要介绍奠玉币和进馔。

所谓奠玉币，就是向昊天上帝神位和太祖皇帝神位敬献镇圭，作为祭天的礼仪。奠，祭奠，这里有献或荐的意思。奠玉币的过程大体上是这样的，"亲郊"前，文宗要斋戒七天。到了斋戒的第六天，文宗皇帝服通天冠、绛纱袍、结佩走出别殿，在仪仗队和侍从的护卫下，乘舆至大明殿就斋。祭祀的前一天，侍祀官和仪仗队分两行立于崇天门外，太仆卿控御马立于大明殿门外，诸侍臣及导驾官二十四人，在斋殿前分立侍候。通事舍人引侍中叩请戒严，文宗皇帝走出斋室，升舆，导驾官导至大明门外，跪奏：请皇帝降舆乘马，至崇天门外，皇帝下令让随从百官出棂星门外上马，至郊坛南棂星门外，众官下马，与仪仗队倒卷而北，分两行驻立。文宗皇帝驾至棂星门，侍中奏请皇帝下马，步入棂星门，侍中奏请升舆，导驾官在前面引导皇帝至大次前，奏请降舆，皇帝降舆入大次。众官承旨各还斋次。皇帝进膳后，礼仪使奏请皇帝署祝册，署毕，奉出，分别摆放到坫（指设在室内两楹之间用来安放玉圭的台子）上去。

开始奠玉币。祭天那天丑时前五刻，太常卿设烛于神座，太史令、郊祀令升设昊天上帝及太祖皇帝神座，执事者陈玉币于筐，置于尊所。礼部尚书张起岩设祝册于案。太乐令率乐工舞者入就位。礼直官分引监祭礼、郊祀令及诸执事官、斋郎入就位。太官令率斋郎出诣馔殿，俟于门外；礼直官分别摄太尉及司徒等官入就位。太尉快到达时，礼直官引博士，博士引礼仪使，对立于大次前。侍中奏请戒严，文宗皇帝服大裘衮冕。孛术鲁翀跪奏：礼仪使臣孛述鲁翀请皇帝行礼。跪奏毕，起立。文宗皇帝走出大次，礼仪使前导，华盖伞扇仪仗随侍，至内壝西门外。礼仪使奏请执大圭。皇帝执圭。仪仗停于门外。近侍官及大礼使张起岩皆跟随文宗皇帝入门，奏宫悬乐。请皇帝就小次，释圭，乐止。礼仪使以下官员分立左右。不大一会儿，礼仪使面奏：有司准备就绪，请皇帝

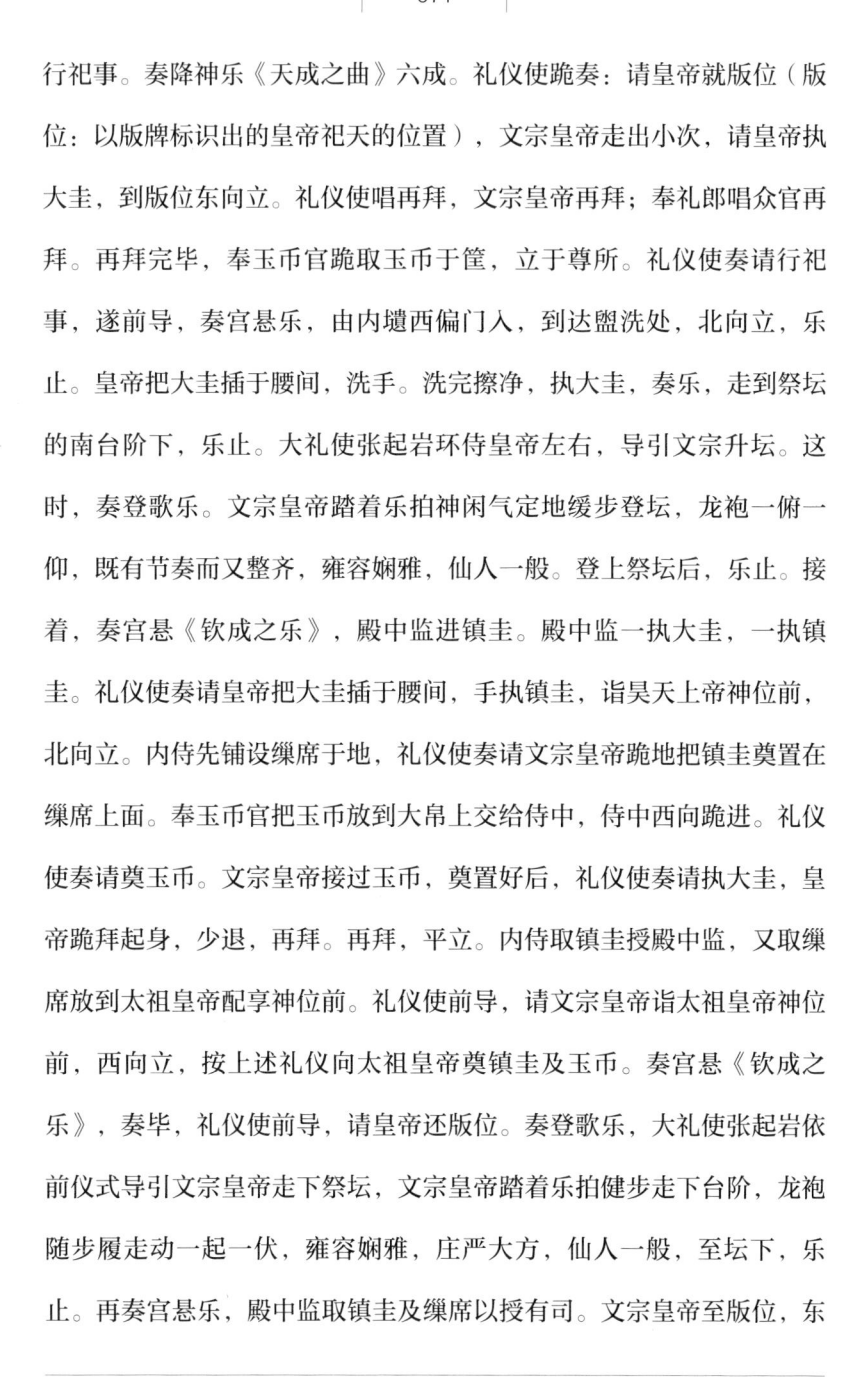

行祀事。奏降神乐《天成之曲》六成。礼仪使跪奏：请皇帝就版位（版位：以版牌标识出的皇帝祀天的位置），文宗皇帝走出小次，请皇帝执大圭，到版位东向立。礼仪使唱再拜，文宗皇帝再拜；奉礼郎唱众官再拜。再拜完毕，奉玉币官跪取玉币于筐，立于尊所。礼仪使奏请行祀事，遂前导，奏宫悬乐，由内壝西偏门入，到达盥洗处，北向立，乐止。皇帝把大圭插于腰间，洗手。洗完擦净，执大圭，奏乐，走到祭坛的南台阶下，乐止。大礼使张起岩环侍皇帝左右，导引文宗升坛。这时，奏登歌乐。文宗皇帝踏着乐拍神闲气定地缓步登坛，龙袍一俯一仰，既有节奏而又整齐，雍容娴雅，仙人一般。登上祭坛后，乐止。接着，奏宫悬《钦成之乐》，殿中监进镇圭。殿中监一执大圭，一执镇圭。礼仪使奏请皇帝把大圭插于腰间，手执镇圭，诣昊天上帝神位前，北向立。内侍先铺设缫席于地，礼仪使奏请文宗皇帝跪地把镇圭奠置在缫席上面。奉玉币官把玉币放到大帛上交给侍中，侍中西向跪进。礼仪使奏请奠玉币。文宗皇帝接过玉币，奠置好后，礼仪使奏请执大圭，皇帝跪拜起身，少退，再拜。再拜，平立。内侍取镇圭授殿中监，又取缫席放到太祖皇帝配享神位前。礼仪使前导，请文宗皇帝诣太祖皇帝神位前，西向立，按上述礼仪向太祖皇帝奠镇圭及玉币。奏宫悬《钦成之乐》，奏毕，礼仪使前导，请皇帝还版位。奏登歌乐，大礼使张起岩依前仪式导引文宗皇帝走下祭坛，文宗皇帝踏着乐拍健步走下台阶，龙袍随步履走动一起一伏，雍容娴雅，庄严大方，仙人一般，至坛下，乐止。再奏宫悬乐，殿中监取镇圭及缫席以授有司。文宗皇帝至版位，东向立,乐止。请皇帝把大圭放下,还小次稍事休息。祝史捧毛血豆,从南台阶升坛,放到昊天上帝神座前,另一祝史升自卯阶,把毛血豆放到太祖皇帝神座前。太祝各迎奠于神座前,俱退立尊所。

进馔是元文宗"亲郊"的另一重要内容,它包括进馔、读祝文和饮福酒三个部分。

先说进馔与读祝文。文宗皇帝还小次稍事休息,等待太官令率斋郎奉馔自正门入并升坛以后,礼仪使孛术鲁翀奏请行礼。文宗皇帝走出小次,奏宫悬乐,请执大圭,导由正门西偏门入,和奠玉币时一样奏乐、搢圭(把圭插于腰间)、盥洗。然后,皇帝执大圭诣洗爵(酒杯)处,北向立,搢圭。捧爵官取爵以授侍中,侍中进呈皇帝。洗爵毕,执大圭,奏乐,张起岩导引文宗皇帝再次升坛,庄严肃穆,雍容大方,仙人一般,情形和仪礼与奠玉币时完全一样。文宗皇帝走到昊天上帝神座前放酒尊处,东向立,把大圭插在腰间,奉爵官进爵,皇帝接爵在手,司尊者把蒙在酒尊上的布巾揭去,侍中唱赞酌泛齐(祭酒有五齐,泛齐为五齐酒的第一种酒)。文宗皇帝把爵交给捧爵官,执圭,奏宫悬乐《明成之曲》。礼仪使奏请文宗皇帝诣昊天上帝神座前,北向立,搢圭,跪于神座前,三上香,侍中以爵跪进皇帝。文宗皇帝执爵,三祭酒,以爵授侍中。太官丞注马奶于爵中,交给侍中,侍中跪进皇帝。文宗皇帝执爵,亦三祭之。把爵交还侍中,跪拜,起立,少退后一点,站立,开始读祝文。举祝官搢笏跪举祝册,读祝官西向,跪读祝文:"维至顺元年冬十月辛酉日,嗣天子臣图帖睦尔,敢昭告于昊天上帝……"读讫,跪拜,起立。举祝官把祝册放到香

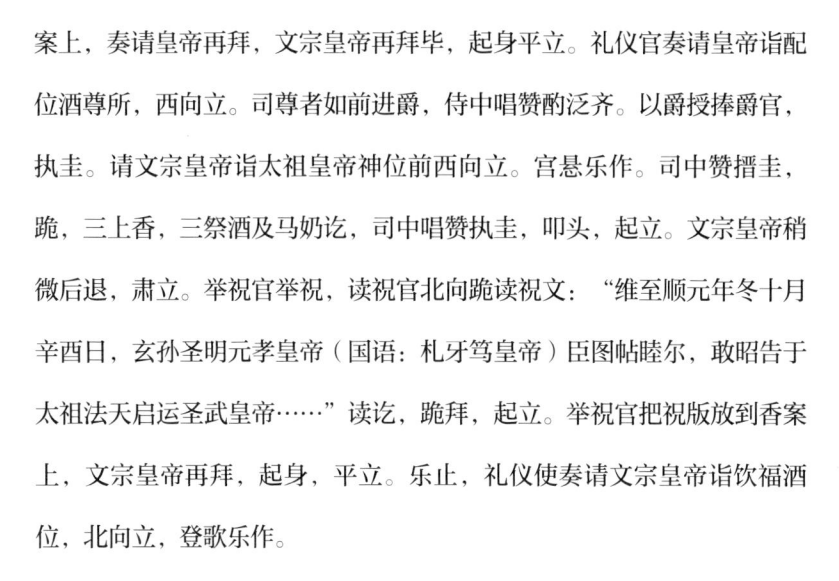

案上，奏请皇帝再拜，文宗皇帝再拜毕，起身平立。礼仪官奏请皇帝诣配位酒尊所，西向立。司尊者如前进爵，侍中唱赞酌泛齐。以爵授捧爵官，执圭。请文宗皇帝诣太祖皇帝神位前西向立。宫悬乐作。司中赞搢圭，跪，三上香，三祭酒及马奶讫，司中唱赞执圭，叩头，起立。文宗皇帝稍微后退，肃立。举祝官举祝，读祝官北向跪读祝文："维至顺元年冬十月辛酉日，玄孙圣明元孝皇帝（国语：札牙笃皇帝）臣图帖睦尔，敢昭告于太祖法天启运圣武皇帝……"读讫，跪拜，起立。举祝官把祝版放到香案上，文宗皇帝再拜，起身，平立。乐止，礼仪使奏请文宗皇帝诣饮福酒位，北向立，登歌乐作。

再说饮福酒。福酒，祭余之酒。祭毕，太祝十五人各以爵酌取上尊（祭祀时放在上位的酒尊）福酒，合置一尊中授予侍中，侍中再以温酒跪进。礼仪使奏请受爵。文宗皇帝接过来饮罢，以爵授侍中，侍中接过空爵，起立，把空爵交给太祝。太祝又割取神前胙肉放到俎上，以授司徒。司徒持俎西向跪进于皇帝。文宗皇帝接过来，交给左右官员。礼仪使奏请执圭。文宗皇帝跪拜，起立，平身，少退。礼仪使奏请再拜，皇帝再拜讫，乐止。礼仪使前导，皇帝还版位。奏登歌乐，大礼使张起岩导引文宗皇帝踏着音乐节拍，庄严肃穆，仙人一般沿着台阶走下祭坛，乐止。奏宫悬乐，文宗皇帝回到版位，乐止。请还小次，皇帝至小次，释圭。文舞退，武舞进。奏宫悬乐《和成之曲》，乐止。礼直郎引亚献官、终献官升坛行礼，饮福酒。礼直官令太祝撤笾豆，奏《宁成之曲》。奉礼官唱赞赐胙，众官再拜。礼仪使奏请皇帝诣版位。文宗皇帝出小次，执圭，诣版位，东向立。礼仪使唱赞再拜，皇帝再拜。奉礼赞曰：再拜，赞者承传"在位者皆再拜"。送神乐作，奏《天成之曲》一成，乐止。礼仪使奏：礼毕，遂导皇帝还大次。宫悬乐作，出门乐止。至大次，释圭，还宫，可谓好一幅文宗皇帝"亲郊"图。

元文宗对大礼使张起岩、礼仪使孛术鲁翀在"亲郊"祀天大典中的礼仪工作非常满意。《元史·孛术鲁翀传》说："及文宗亲祀天地、社稷、宗庙，翀为礼仪使，详记行礼节文于笏，遇至尊不敢直书，必识以两圈，帝偶取笏视，曰：'此为帝字乎！'因大笑，以笏还翀。事竣，上《天历三庆诗》三章，帝命藏之奎章阁。"文宗皇帝对张起岩的礼仪工作则不仅表示赞赏，而且"赐赉优渥"。《元史·张起岩传》说："文宗亲郊，起岩充大礼使，导帝陟降，步武有节，前后襜如（襜：飘动的样子），陪位百官，望之如古图画中所睹。帝甚嘉之，赐赉优渥。"清姚之骃《元明事类钞》卷八引《元史类编》"如古图画中所睹。帝甚嘉之，赐赉优渥"。这条资料为历代学者辗转传抄，证明这件事的历史影响还是相当深远的。

3. 在非常时期以非常手段处理国事

"疾风知劲草，板荡识诚臣。"（《旧唐书·萧瑀传》引唐太宗诗句）这两句诗说明，在非常时期更能看出一个人有没有以非常手段处理国家大事的过人的能力。元文宗至顺三年（1332）八月己酉，文宗驾

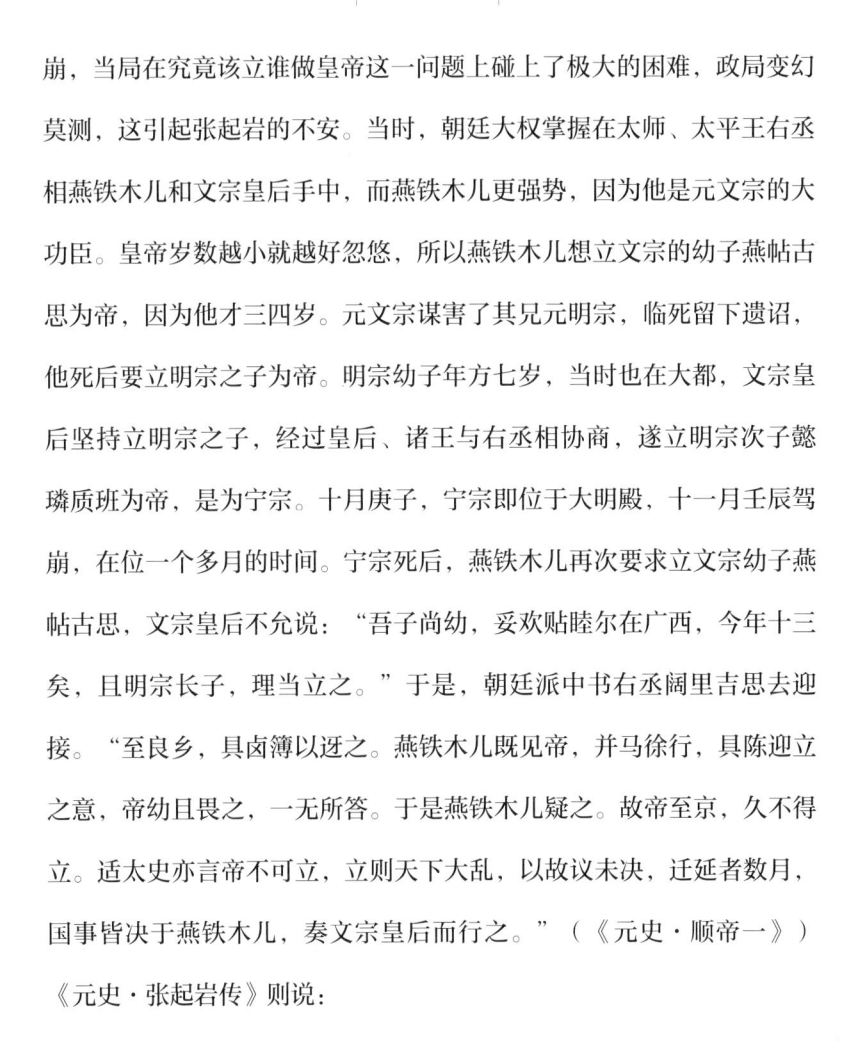

崩，当局在究竟该立谁做皇帝这一问题上碰上了极大的困难，政局变幻莫测，这引起张起岩的不安。当时，朝廷大权掌握在太师、太平王右丞相燕铁木儿和文宗皇后手中，而燕铁木儿更强势，因为他是元文宗的大功臣。皇帝岁数越小就越好忽悠，所以燕铁木儿想立文宗的幼子燕帖古思为帝，因为他才三四岁。元文宗谋害了其兄元明宗，临死留下遗诏，他死后要立明宗之子为帝。明宗幼子年方七岁，当时也在大都，文宗皇后坚持立明宗之子，经过皇后、诸王与右丞相协商，遂立明宗次子懿璘质班为帝，是为宁宗。十月庚子，宁宗即位于大明殿，十一月壬辰驾崩，在位一个多月的时间。宁宗死后，燕铁木儿再次要求立文宗幼子燕帖古思，文宗皇后不允说："吾子尚幼，妥欢贴睦尔在广西，今年十三矣，且明宗长子，理当立之。"于是，朝廷派中书右丞阔里吉思去迎接。"至良乡，具卤簿以迓之。燕铁木儿既见帝，并马徐行，具陈迎立之意，帝幼且畏之，一无所答。于是燕铁木儿疑之。故帝至京，久不得立。适太史亦言帝不可立，立则天下大乱，以故议未决，迁延者数月，国事皆决于燕铁木儿，奏文宗皇后而行之。"（《元史·顺帝一》）《元史·张起岩传》则说：

> 宁宗崩，燕南俄起大狱，有妄男子上变，言部使者谋不轨，按问皆虚，法司谓："唐律：告叛者不反坐。"起岩奋谓同列曰："方今嗣君未立，人情危疑，不亟诛此人，以杜奸谋，虑妨大计。"趣有司具狱，都人肃然，大事寻定。

所谓"大事寻定"是怎么定的呢？显然不是张起岩趣有司具狱亟诛上变之妄男子所致，而是"俄而燕铁木儿死，后乃与大臣定议立帝。且曰：'万岁之后，其传位于燕帖古思，若武宗、仁宗故事'"。于是妥欢帖睦尔被立为帝，是为元顺帝。顺帝既立，明宗亲臣阿鲁辉帖木儿"言于帝曰：'天下事重，宜委宰相决之，庶可责其成功；若躬自听断，则必负恶名。'帝信之，由是深居宫中，每事无所专焉"（《元史·顺帝一》）。后至元六年（1340）六月，因元文宗谋为不轨使明宗饮恨而死，诏除其庙主，"放燕帖古思于高丽，未至，月阔察儿害之于道中"（《元史·文宗五》）。这些都是后话，不必多说。能肯定的一点是张起岩应当是文宗皇后"与大臣定议立帝"的大臣之一。在拥立元顺帝的过程中，张起岩当然起不到决定作用，因为起决定作用的是蒙古族出身的诸王和重臣，但他在国家政局动荡不安时，敢于挺身而出，直陈己见，也说明在非常时期，张起岩确有以非常手段处理国家大事的能力。

《元史·张起岩传》接下去又说："中书方列坐诠选，起岩荐一士可用，丞相不悦，起岩即摄衣而起，丞相以为迕己，迁翰林侍讲学士知制诰兼修国史，修三朝实录，加同知经筵事。"张起岩荐士"公当无私"，不怕得罪丞相，也不计个人利害，这是多么高贵的品质！

第七章
由御史中丞到翰林学士承旨

张起岩

元文宗对张起岩很器重，而元顺帝对张起岩更是礼遇有加，政治上予以保护，工作上委以重任，在张起岩的一生中，这一时期可以说是他风云际会、飞黄腾达的时期。晚年，他功成名就，归老历下，无疾而终。为了说明张起岩在顺帝朝这二十一年的功业，我们不妨对他这一时期的仕历、写作与治绩，加以大致梳理。

1. 翰苑、省台指顾间

元文宗至顺二年（1331），张起岩出任礼部尚书；同年，转参议中书省事。

从至顺三年八月到明年六月即妥欢帖睦耳即位前这段空窗期，他由参议中书省事转为翰林侍讲学士。《元史》本传说："中书方列坐铨选，起岩荐一士可用，丞相不悦，起岩即摄衣而起，丞相以为忤己。迁翰林侍讲学士、知制诰兼修国史。"从政治上看，张起岩被赶出了中书省，仕途上遭遇了挫折；但是从爵秩上看，他不降反升，因为参议中书省事是正四品，而翰林侍讲学士是从二品，差别只在于后者是文学侍从之臣，没有参政、议政的权力而已。

元顺帝元统元年（1333），张起岩为翰林侍讲学士，与王结、欧阳玄奉诏同修泰定、天历两朝实录（见《元史·王结传》）。而本传说是"修三朝实录"。是年春正月，与奎章阁供奉学士师简奉敕撰写《蓟国公张氏先茔碑》。

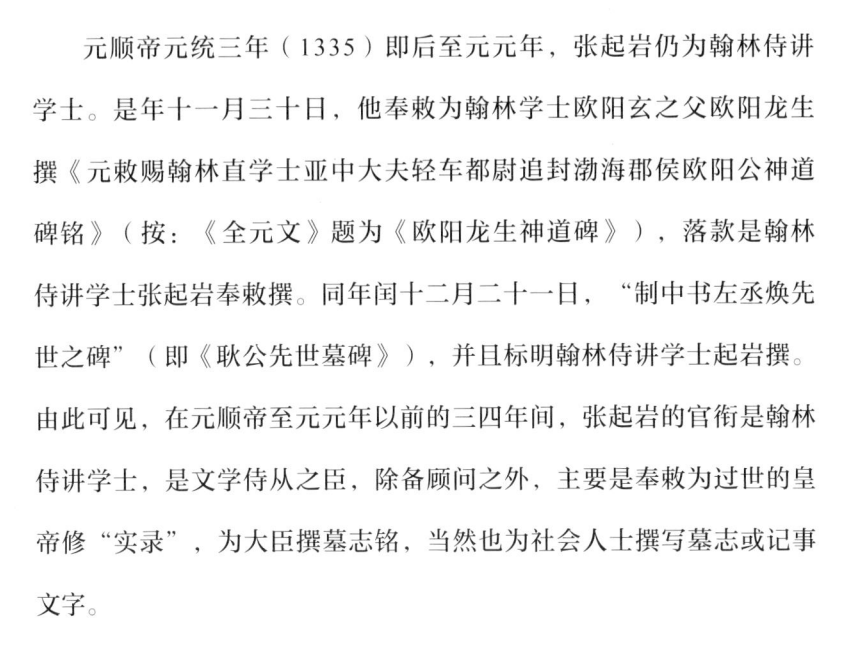

元顺帝元统三年（1335）即后至元元年，张起岩仍为翰林侍讲学士。是年十一月三十日，他奉敕为翰林学士欧阳玄之父欧阳龙生撰《元敕赐翰林直学士亚中大夫轻车都尉追封渤海郡侯欧阳公神道碑铭》（按：《全元文》题为《欧阳龙生神道碑》），落款是翰林侍讲学士张起岩奉敕撰。同年闰十二月二十一日，"制中书左丞焕先世之碑"（即《耿公先世墓碑》），并且标明翰林侍讲学士起岩撰。由此可见，在元顺帝至元元年以前的三四年间，张起岩的官衔是翰林侍讲学士，是文学侍从之臣，除备顾问之外，主要是奉敕为过世的皇帝修"实录"，为大臣撰墓志铭，当然也为社会人士撰写墓志或记事文字。

是年十一月，诏罢科举，许有壬坚决反对，并指出："科举若罢，天下人才觖望。"右丞相伯颜（一作巴颜）说："举子多以赃败。"许有壬反驳说："若张起岩、马祖常辈，皆可任大事，即欧阳玄之文章，亦岂易及。"（《资治通鉴后编》卷一百七十一）可见张起岩在当时朝廷大臣中威望高到何等地步。

元顺帝至元二年（1336）三十日，奎章阁大臣沙腊班奏请由欧阳玄为张起岩之父张范撰写《元封秘书少监累赠中奉大夫河南江北等处行省参知政事护军追封齐郡公张公先世碑》，沙氏称"侍讲学士张起岩服务累朝，恩赉先世，将为碑铭，以垂久远"，顺帝欣然应允，这是朝廷对其功业的肯定，也是皇帝赐给他的殊荣。欧阳玄在碑文中列出了张起岩在此之前的主要仕历：拜礼部尚书，参议中书省事，升翰林侍讲学士，

张起岩

中奉大夫知制诰、同修国史，寻以本官知经筵事，出为江南浙西道肃政廉访使，未行，奏留侍讲，进知经筵。俄除陕西诸道行御史台侍御史。这便是至元二年三月以前张起岩的主要仕历。《元史·张起岩传》说："御史台奏除浙西廉访使，不允。已而擢陕西行台侍御史，将行，复留为侍讲学士。拜江南行台侍御史。"张起岩出任江南行台侍御史，那是本年以后的事，就留到后边去说了。

元顺帝至元三年（1337），张起岩出任江南行台侍御史。《至大金陵新志》卷六下"职官·侍御史"条说：王士熙，至元二年上；张起岩，至元三年上，通奉大夫。是年，张起岩撰有《汉泉漫稿序》，序云："至元三年后丙子中元日癸丑（按道家以农历七月十五为中元日），通奉大夫江南诸道行御史台侍御史张起岩序。"因知本年七月他已改官江南行台侍御史了。

是年十二月，右丞相"伯颜请杀张、王、刘、李、赵五姓汉人，帝不从"（《元史》卷三十九，顺帝二，第843页）。伯颜为什么下此毒手，史无明言。幸亏"帝不从"，否则张起岩要遭杀身之祸了。

元顺帝至元五年（1339），张起岩被调回京师，任御史台侍御史，观其《瞻岱亭记》可知。记云：肥城县尹"构亭于至元后己卯（按：至元后己卯为元顺帝至元五年），其落成实夏月。正奉大夫、侍御史张起岩记并篆额"。《元史·张起岩传》说："拜江南行台侍御史，召入中台，为侍御史。"中台也叫内台，指中央御史台。因知本年夏五月，他已改任中台侍御史了。

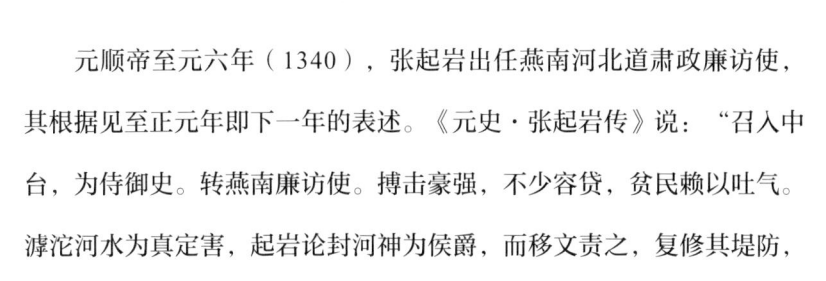

元顺帝至元六年（1340），张起岩出任燕南河北道肃政廉访使，其根据见至正元年即下一年的表述。《元史·张起岩传》说："召入中台，为侍御史。转燕南廉访使。搏击豪强，不少容贷，贫民赖以吐气。滹沱河水为真定害，起岩论封河神为侯爵，而移文责之，复修其堤防，瀹其湮郁，水患遂息。"

是年，右丞相伯颜黜为河南行省左丞，改由脱脱为中书右丞相，这为张起岩的晋升开辟了一片更为广阔的天地。

元顺帝至正元年（1341），张起岩出任江南行台御史中丞。岁末，他被召入京师为翰林学士承旨。《至大金陵新志》卷六下"守官·御史中丞"条说，张起岩，资善大夫，至正元年上。因知张起岩出任江南行台御史中丞，是在至正元年。按元朝规定，御史大夫只能由蒙古人充任，御史中丞是汉人在御史台系统中所能够升任的最高职位。张起岩能先后出任江南行台和御史台御史中丞，对他来说极为难能可贵。《元史》卷四十"顺帝纪三"说，十二月"己巳，以翰林学士承旨张起岩知经筵事"（第862—863页），因知本年岁末张起岩曾任翰林学士承旨。

查张起岩撰《元赠朝列大夫追封寿光郡伯宋公墓碑》碑文，张起岩说"至正元禩（与祀同），其子金山东东西道肃政廉访事彦，以书抵燕南宪治"，请求起岩为其父宋瑾撰写墓碑，因知本年前几个月张起岩仍在燕南河北道肃政廉访使任上。碑文又说："越明年，余自南行台趋召过家，金宪复申前请，余与金宪契谊厚善，不敢固让，仅即所录事状为叙铭之。"因知张起岩是在至正二年被召入中台为御史中丞的。

元顺帝至正二年（1342），张起岩出任御史台御史中丞。《元史》卷四十"顺帝纪三"说，至正二年十二月"丙午，命中书右丞太平、枢密副使姚庸、御史中丞张起岩知经筵事"（第865页）。因知本年张起岩已由翰林学士承旨改官御史中丞，与《元史·张起岩传》所说"拜翰林学士承旨……俄拜御史中丞"相吻合。《元史》本传又说，"右丞相别（怯里）不花，为台臣所纠，去位。未几再入相，讽词臣言台章之非，起岩执不可，闻者壮之。俄拜御史中丞，论事剀直，无所顾忌，与上官多不合"，确有铁面御史之风，可钦可敬。

元顺帝至正三年（1343），张起岩以御史中丞的身份充任辽、金、宋三史总裁官。《元史》卷四十一"顺帝纪四"说，至正三年三月，"诏修辽、金、宋三史，以中书右丞相脱脱为都总裁官，中书平章政事铁木儿塔识、中书右丞太平、御史中丞张起岩、翰林学士欧阳玄、侍御史吕思诚、翰林侍讲学士揭傒斯为总裁官"（第868页）。因知至正三年，张起岩仍为御史中丞。

元顺帝至正四年（1344），张起岩复为翰林学士承旨。欧阳玄代右丞相脱脱所撰《进辽史表》说，"于是命臣以右揆领都总裁，中书平章政事臣铁睦尔达实、臣贺惟一（按：即上文所说的太平）、翰林学士承旨臣张起岩、翰林学士承旨臣欧阳玄、翰林侍讲学士臣揭傒斯、侍御史今集贤侍讲学士臣吕思诚为总裁官……起至正三年四月，

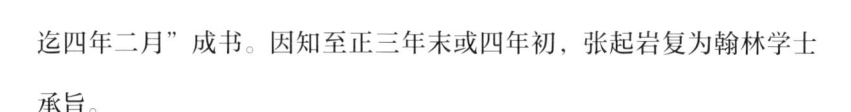

迄四年二月"成书。因知至正三年末或四年初，张起岩复为翰林学士承旨。

元顺帝至正五年（1345），张起岩仍为翰林学士承旨。《元史》卷四十一"顺帝纪四"说至正五年十月"辛未，辽、金、宋三史成，右丞相阿鲁图进之"，在其所撰《进宋史表》中所列辽、金、宋三史总裁官中，张起岩仍为翰林学士承旨。另外，欧阳玄的《圭斋文集》卷九《赵孟頫神道碑》也说，至正五年春三月，张起岩为翰林学士承旨，为该碑篆额，因知本年张起岩的职衔未变。故《元史·张起岩传》说："诏修辽、金、宋三史，复命入翰林为承旨，充总裁官，积阶至荣禄大夫。"荣禄大夫为从一品，可以说张起岩的政治地位相当高了。

元顺帝至正六年（1346），张起岩仍为翰林学士承旨。苏天爵《吕文穆公神道碑铭》说，至正六年秋，"其命集贤侍讲学士苏天爵制碑铭，河南行省参知政事王守诚书，翰林学士承旨张起岩篆额"。因知是年张起岩官职还没变。

元顺帝至正八年（1348），张起岩仍为翰林学士承旨。《元史》卷四十一"顺帝纪四"说，八年春正月，"诏翰林国史院纂修后妃、功臣列传，学士承旨张起岩、学士杨宗瑞、侍讲学士黄溍为总裁官，右丞相太平、左丞吕思诚领其事"（第880页）。因知是年张起岩仍为翰林学士承旨，可谓久于其任了。《元史·张起岩传》说："史成，年始六十有五，遂上疏乞骸骨以归，后四年卒，谥曰文穆"，"卒之日，廪无余粟，家无余财"。

张起岩乞归时间，不晚于至正八年三月。他在《题金台集》四首后记里说："予既致政将归济南，赋诗四章，题《金台集》后，奉别易之（即迺贤）良友，抑亦书予自愧云耳。至正戊子（即至正八年）三月望日，华峰真逸张起岩书。"诗云"台阁联翩四十年"，可见其服务累朝，尽职尽责；又说"玉带难围老病身"，说明他辞官归里主要缘于"老病"，功成名遂，全身而退，可以说近高明矣。

2. 挥毫千章，雅思万古

在元顺帝朝，张起岩生活了二十一年。其中前十七年居官，后四年归卧乡里。除从政外，他还写有不少诗文，结集为《华峰漫稿》《华峰类稿》《金陵集》若干卷，藏于家。顾名思义，《金陵集》应当写于他出任江南行台御史中丞和侍御史期间。可惜的是他的三个文集都没流传下来，存世的诗歌少得可怜，本期写作的散文，流传至今的也就二十二篇，诗歌四首，现著录如下，以备浏览。它们是：

《祝圣道院碑》《跋宋马和之<袁安卧雪图>》（元顺帝元统元年，1333年），《蓟国公张氏先茔碑》（元统三年），《耿公先世墓碑》《元敕赐翰林直学士亚中大夫轻车都尉追封渤海郡侯欧阳公神道碑铭有序》（元顺帝至元元年，1335年），《汉泉漫稿序》《行台公署察院正厅记》《宁海州儒学记》（至元三年，1337年），《句容县恭刻制词记》（至元四年，1338年），《瞻岱亭记》《栢轩记》《创建鼓楼

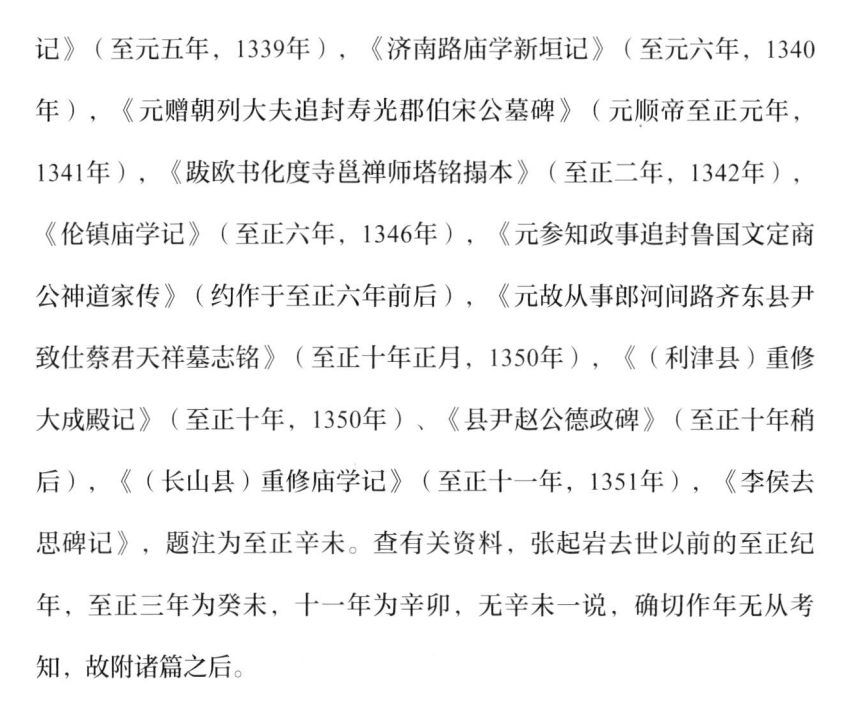

记》（至元五年，1339年），《济南路庙学新垣记》（至元六年，1340年），《元赠朝列大夫追封寿光郡伯宋公墓碑》（元顺帝至正元年，1341年），《跋欧书化度寺邕禅师塔铭揭本》（至正二年，1342年），《伦镇庙学记》（至正六年，1346年），《元参知政事追封鲁国文定商公神道家传》（约作于至正六年前后），《元故从事郎河间路齐东县尹致仕蔡君天祥墓志铭》（至正十年正月，1350年），《（利津县）重修大成殿记》（至正十年，1350年）、《县尹赵公德政碑》（至正十年稍后），《（长山县）重修庙学记》（至正十一年，1351年），《李侯去思碑记》，题注为至正辛未。查有关资料，张起岩去世以前的至正纪年，至正三年为癸未，十一年为辛卯，无辛未一说，确切作年无从考知，故附诸篇之后。

至于诗歌，仅存至正八年（1348）所作《题金台集》四首，在江南行御史台任上所作《游钟山五十韵》（七言）、《游蒋山五十韵》（五言）以及《太子千秋日燕龙翔寺》诗，仅从元释大䜣《次韵张梦臣侍御游钟山五十韵》等诗中可以窥知诗题，其他诗作已无从查考了。

张起岩写作诗文是极其严肃认真的。他认为"纪功述绩"是他的神圣职责，而且在写作中时常流露他的这种心情。他说："臣幸生文明之世，以文学备侍从"，倍感荣幸；又说那些请求他为文作记之人"岂以起岩尝承乏胄监，累官史局词垣，于纪述为宜也哉"；还说："起岩承乏词垣，纪功述绩，职也"，"起岩尝备员胄监之属，岂于昭代崇文右学铺张扬厉，职也"。这"职也"二字，说明他认为作为翰林兼国史院官员以文"纪功述绩"，铺张扬厉"昭代崇文右学"是他的天职，要殚精竭虑，写出尽善尽美的好作品来。故释大䜣说"明公作歌播金石，山砺河带矢弗谖"，又说"挥毫千章水东注，雅思万古云孤鹜"（《次韵张梦臣侍御游钟山五十韵》），对张起岩诗文给以很高的评价。

张起岩作品流传下来的不多，这是和元朝末年的战乱密不可分的。张起岩在世时，元代社会已遍地狼烟；他逝世十四年后，元朝就灭亡了。他的《华峰漫稿》《华峰类稿》和《金陵集》没有刊刻，散逸是很容易的。这不只是张起岩诗文的命运，也是元末文人作品的共同命运。清初顾嗣立在《元诗选》初集介绍作者时曾明确指出过这个问题。他在介绍欧阳玄《圭斋集》时说：

> 宋景濂序《圭斋集》云：公之文自擢第以来，多至一百余册，藏于浏阳里第，尽毁于兵，此则在燕所录。自辛卯至丁酉，七年间所作耳。然则当元季之乱，名公巨卿之文，其厄于兵燹而不得传者，又可胜道哉！

张起岩的诗文当属于"名公巨卿之文，其厄于兵燹而不得传者"之类，能有上述那些散文、诗歌流传至今，应该说也是不幸之中的万幸了。

3. 真定治水，金陵治吏

真定治水，是张起岩出任燕南河北道肃政廉访使时所做的德政之一。燕南河北道肃政廉访司隶属中央御史台，下辖真定路、顺德路、广平路、彰德路、大名路、怀庆路、卫辉路、河间路、东平路、东昌路和济宁路等十一路，辖区相当于现在的河北省南部、山东省西部和河南省北部边缘地区，它的治所在真定（今河北省保定市），故真定治水也是他的当务之急，因为水在脚下嘛！

真定地处滹沱河流域。滹沱河，源出山西省五台山诸山，穿越太行山流入河北平原，所携带的黄土高原上的大量泥沙，进入平原后便沉积下来，夏秋水涨，往往泛滥成灾，其河距真定县城一里，故

真定府

真定受灾尤其严重。据《元史》河渠志记载，元武宗至大元年七月，水漂南关百余家，淤塞冶河（滹沱河支流）河口；元仁宗延祐七年十一月，真定县城南滹沱河，北决堤，浸近城，每岁修筑；元英宗至治元年三月，真定路言"真定县滹沱河，每遇水泛，冲堤岸，浸没民田"，毁坏庄稼。泰定帝泰定四年八月，省臣奏："真定路言：滹沱河水连年泛溢为害……夏秋霖雨水涨，弥漫城郭，每年劳民筑堤，莫能除害。"文宗、顺帝两朝真定水灾情况《元史》失载，估计也好不了多少，所以才有张起岩燕南廉访使任内真定治水问题。

真定治水涉及都水监、工部、廉访司、真定路乃至真定县多个部门。一般由真定路上报灾情，然后由都水监会同廉访司、真定路派员勘察水灾情形，提出治理方案，上报工部核准，下拨治水经费，由地方征调民夫组织实施。燕南河北道肃政廉访司是领导真定治水的地域最高权力机关，张起岩是这个最高权力机关的最高领导人，他的领导工作的好坏，对真定治水的成败无疑具有决定性的作用。

张起岩真定治水是成功的，可惜留下的历史资料太少了。估计是他领导并组织修好了上一年被洪水冲毁的河堤，疏通了被泥沙淤塞的河道，整治被水淹没的民田，而且是年河水没再泛滥，取得了治水的显著成绩，所以《元史·张起岩传》说："滹沱河水为真定害，起岩论封河神为侯爵，而移文责之，复修其堤防，瀹（疏导）其湮郁，水患遂息。"

张起岩为人刚直，疾恶如仇。他在燕南廉访使任上另一德政是

"搏击豪强，不少容贷，贫民赖以吐气"。因资料缺乏，这儿就不去说它了。

再说金陵治吏。

上文说过，张起岩曾先后出任江南诸道行御史台侍御史和御史中丞，所谓金陵治吏，是就其在江南行御史台的业绩而说的。张起岩著有《金陵集》，说明他当时人脉广，活动多，声誉高，影响大，可惜随着元朝的灭亡，他的英声茂绩已烟消云散，所留吉光片羽，已无法复原其当年的全部历史风貌，仅就今天还能见到的些许资料略谈一二，供读者凭吊了。

江南诸道行御史台，创建于元世祖至元十四年（1277），其治所在扬州。至元二十九年（1292），迁到建康（即现在的南京市，历史上也叫金陵），始称江南诸道行御史台。"按治江浙行省、江西行省、湖广行省。逐年以监察御史守省，照刷文卷，纠察官吏不公不法，按行体覆各道廉访司官吏声绩。"（《至大金陵新志》卷一）江南行台下设十个肃政廉访司。故张起岩说："世祖皇帝混一区宇，建行御史台以奠南服。肇治惟扬，最后移治建业，综临宪司十道，行省、行院之在江表者，咸属按劾。"（张起岩《行台公署察院正厅记》）

江南诸道行御史台，设官品秩同内台，"监临东南诸省，统制各道宪司，而总诸内台"《元史·百官志二·御史台》，设大夫一员，中丞二员，侍御史二员，治书侍御史二员，经历一员，都事二员。下设察院，设监察御史二十八员。张起岩在江南行台所写的诗文，流传

张起岩

至今的只有一篇《行台公署察院正厅记》。

《行台公署察院正厅记》虽为记述行台重修察院正厅而作,但它对是役的倡导者和主持人以及重修后的堂、厅、室、廊的建制与风貌,所写都比较简括,重点放在阐明监察官员的职责与操守方面即"切于风纪之大者"。张起岩认为太微执法,上应天象,"绝(一作绳)愆纠谬,公论攸在",作为监察官员,要如正厅匾额所言"忠实不欺",不论做什么事情,都要做到无愧于职。张起岩指出:

> 皇朝疆域之广,度越前代,声教所暨,无间远迩,天子耳目之寄,属之宪台。南台所控临,地旷事繁,荆吴百粤,迄于要荒,民隐披露,罔或壅遏;公方材谞(谞:有才智之谓),罔或滞淹;赃私残暴,罔或蔽匿;举扬搜摘,剖析厘正,公道廊清,纪纲振肃,是则委任责成之意,扶(一作刟)兹台治,轮奂一新,众庶所瞻,于以耸动,于以矜式,凡莅是者,盍思称副而无愧负也哉!

为了加深认识,警戒台官,张起岩又从正反两面,对怎么做是称职,怎么做是渎职,用对比的手法,做了全面而又深刻的论述。他说:

> 必也贪夫掊利有以治之,酷吏戕民有以诘之,滥官败俗有以纠之,邪人蠹政有以去之;使循良者得以成其治,抑屈者得以申

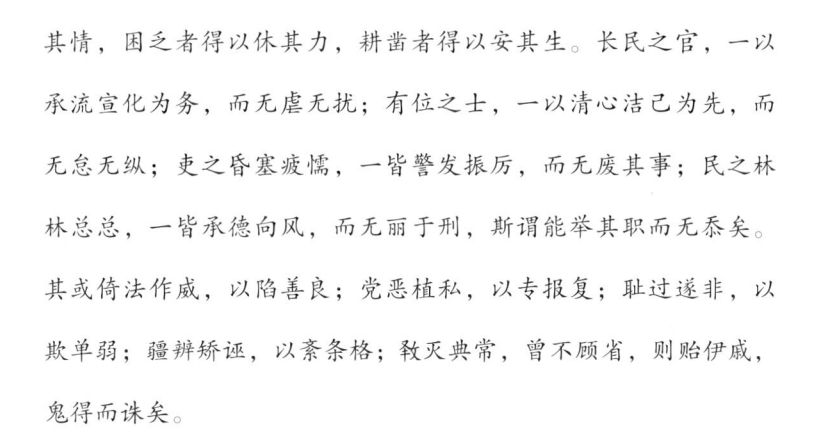

其情，困乏者得以休其力，耕凿者得以安其生。长民之官，一以承流宣化为务，而无虐无扰；有位之士，一以清心洁己为先，而无怠无纵；吏之昏塞疲懦，一皆警发振厉，而无废其事；民之林林总总，一皆承德向风，而无丽于刑，斯谓能举其职而无忝矣。其或倚法作威，以陷善良；党恶植私，以专报复；耻过遂非，以欺单弱；疆辨矫诬，以紊条格；斁灭典常，曾不顾省，则贻伊戚，鬼得而诛矣。

该说义正词严，掷地有声，真不愧有识者之言，写出了一位铁面御史整肃台纲的心声。

"纪纲吴楚东南重，事业夔皋伯仲间。"（释大䜣《次韵张梦臣侍御太子千秋日燕龙翔寺》《蒲室集》卷五）释大䜣这两句诗对张起岩未免有些过誉，但它也从一个侧面折射出当年金陵社会各界对张起岩非常敬重，评价甚高。释大䜣在《次韵张梦臣侍御游钟山五十韵》中称赞张起岩为"中丞元勋王相种""天界王室为屏藩""股肱明良元首圣，矫矫玉柱擎昆仑"，是朝廷大臣，国之柱石。因此，他能"御榻堂前朝至尊"，甚至"前席趋归宣室殿，瞻星夜近太微垣"，能够接近皇帝，向其陈述治国安邦大计，这和前边许有壬所说张起岩"可以任大事"的评价是完全一致的。作为台臣，释大䜣又称赞张起岩为铁面御史，对整肃江南行台的纲纪做出了重大贡献，说他"豸冠峨峨铁面寒"，又说他"绣衣东来肃南纪"，可惜史实湮没无闻，我们无法对他"肃南纪"的业绩做具体描述了。

治吏为了惠民。张起岩的"肃南纪"给江南的老百姓带来了实实在在的好处。释大䜣在《次韵张梦臣侍御游蒋山五十韵》诗中说："外台分寄重,南服占名藩。……及物多膏泽,为邦固本根。化行民自信,身退道弥尊。美俗时丕变。吾人溺可援。"(《蒲室集》卷三,又见《元诗选》初集第2488页)《次韵张梦臣侍御游钟山五十韵》诗又说："上疏骨鲠动天听,南山可移舌莫扪。侧闻猺獠肆猖獗,窃发五岭长蛇奔。海嵎赤子苦胁从,如掩泽雉居樊笼。官军深入期格捕,带甲千万乘冬暄。无乃州县失抚字,彼猴而冠鹤而轩。灾异示儆孰不畏,震惊坤轴如风掀。齐鲁洪流及淮甸,鲸呿鳌掷相吐吞。公归补衮佐调燮,骏奔百祀埋玙璠。股肱明良元首圣,矫矫玉柱擎昆仑。"(《蒲室集》卷二)从中可以看出张起岩对边民、灾民疾苦的关心。

释大䜣,用今天的话来说是张起岩的"粉丝",自言"相依愿为绕树鹊,择木不愧投林猿",又说"不才甘朽栎,何幸枉高轩",其实这是谦辞。在元代诗僧中,"笑隐䜣公尤为雄杰",连赵孟頫都愿和他结交。《元诗选》初集三说,大䜣字笑隐,南昌陈氏子。家世业儒,去而学佛,得法于晦机熙公。卓锡杭之凤山,迁中天竺。文宗自金陵入正大统,命以潜邸之旧,为龙翔集庆寺。召䜣于杭州,授太中大夫,主寺事,所以张起岩得与之交结,诗酒唱和。在此期间,到金陵拜访张起岩的还有唐元、舒顿和朱夏等。唐元在《赘见梦臣张侍御书》中

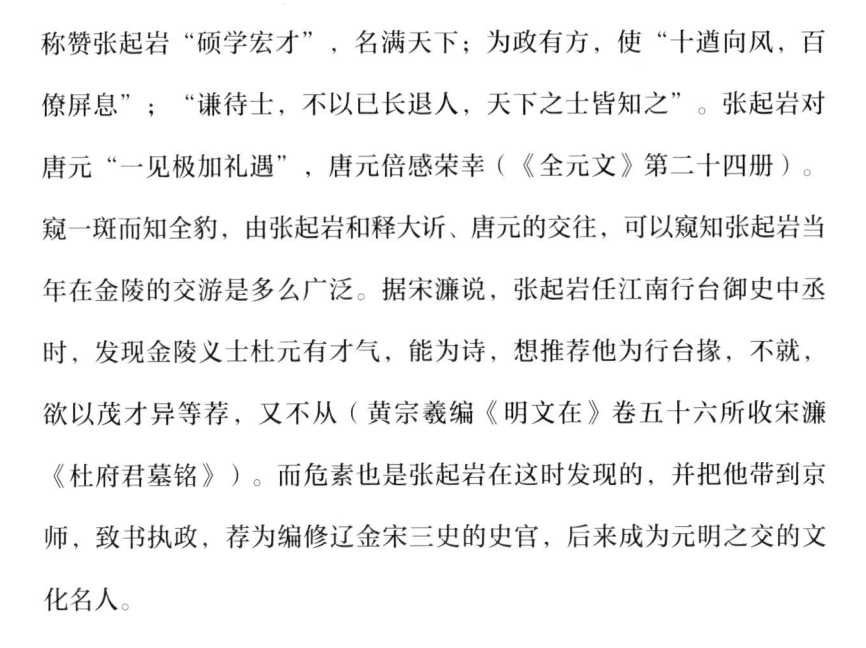

称赞张起岩"硕学宏才",名满天下;为政有方,使"十遒向风,百僚屏息";"谦待士,不以已长退人,天下之士皆知之"。张起岩对唐元"一见极加礼遇",唐元倍感荣幸(《全元文》第二十四册)。窥一斑而知全豹,由张起岩和释大䜣、唐元的交往,可以窥知张起岩当年在金陵的交游是多么广泛。据宋濂说,张起岩任江南行台御史中丞时,发现金陵义士杜元有才气,能为诗,想推荐他为行台掾,不就,欲以茂才异等荐,又不从(黄宗羲编《明文在》卷五十六所收宋濂《杜府君墓铭》)。而危素也是张起岩在这时发现的,并把他带到京师,致书执政,荐为编修辽金宋三史的史官,后来成为元明之交的文化名人。

第八章

编修辽金宋三史的总裁官

张起岩

　　七百四十七卷的辽金宋三史，在不到三年的时间里，顺利编修完成并付印，这在中国史学史上是件了不起的大事。总裁这一文化工程的只有六人，而张起岩则是总裁官之一，且为汉人总裁官的第一人，其贡献有目共睹。然而，他的贡献仅见于《元史·张起岩传》中的寥寥数语，其他史料均散失了。因此，我们只能从总体上对他总裁三史的功业做些简括的描述与论析。

1. 编修"三史"是朝野的共同愿望

　　《元史》卷四十一说，至正三年（1343）三月，"诏修辽金宋三史，以中书右丞相脱脱为都总裁官，中书平章政事铁木儿塔识、中书右丞太平、御史中丞张起岩、翰林学士欧阳玄、侍御史吕思诚、翰林侍讲学士揭傒斯为总裁官"（中华书局1975年出版），拉开了编修辽金宋三史的帷幕，但提出编修辽金宋三史并非始于本年，而是早在八十年前元世祖即位之初就提出来了。

　　据《元史》记载，元世祖中统元年（1260）七月，王鹗上书言唐太宗置弘文馆，宋太宗设学士院，现在也应该设学士院官，以培育人才，并请修辽金二史，乞以右丞相史天泽监修国史，左丞相耶律铸、平章政事王文统监修辽金史，元世祖接受了他的建议。明年，李璮反，王文统坐于李璮同谋被处死，编修辽金二史的事也就被搁置起来了。到了元世祖至元元年（1264），商挺入拜参知政事，又提出了修辽金二史，并说

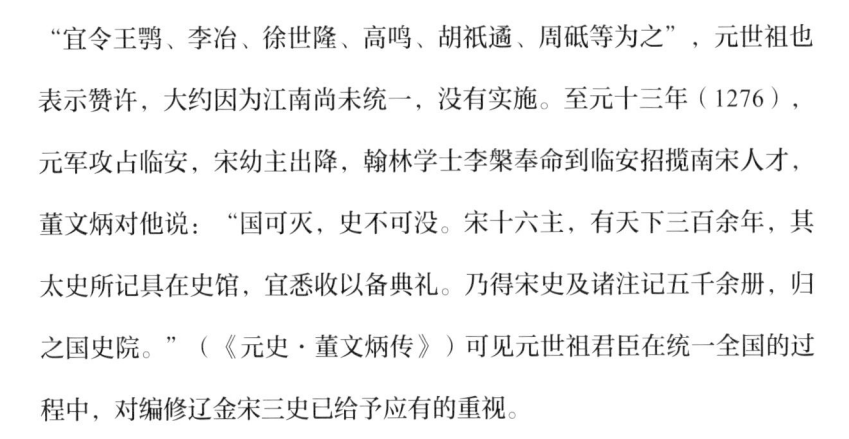

"宜令王鹗、李冶、徐世隆、高鸣、胡祗遹、周砥等为之"，元世祖也表示赞许，大约因为江南尚未统一，没有实施。至元十三年（1276），元军攻占临安，宋幼主出降，翰林学士李槃奉命到临安招揽南宋人才，董文炳对他说："国可灭，史不可没。宋十六主，有天下三百余年，其太史所记具在史馆，宜悉收以备典礼。乃得宋史及诸注记五千余册，归之国史院。"（《元史·董文炳传》）可见元世祖君臣在统一全国的过程中，对编修辽金宋三史已给予应有的重视。

欧阳玄在《进辽史表》里指出："于时张柔归金史于其先，王鹗集金事于其后。是以纂修之事，见诸敷遗之谋。延祐申举而未遑，天历推行而弗竟。""延祐"二句是说继元世祖之后，元仁宗、元英宗、元文宗三朝也曾议修辽金宋三史，但都没结果。

延祐、至治年间编修辽金宋三史，是由袁桷推动的。《元史·袁桷传》说，他做应奉翰林文字、同知制诰兼修国史时，曾经请求朝廷购辽金宋三史遗书。苏天爵在《元故翰林侍讲学士知制诰同修国史赠江浙行中书省参知政事袁文清公（桷）墓志铭》里记载更详细。他说："至治中，郓王栢柱独秉国钧，作新宪度，号令宣布，公有力焉。诏绘王像，命公作赞赐之，公述君臣交修之义以励王，王尤重公学识，锐敏欲撰述辽金宋史，责成于公。公亦奋然自任，条具凡例及所当用典册陈之，是皆本诸故家之所见闻，习于师友之所讨论，非牵合剽袭漫焉以趋时好而已。未几，国有大故，事不果行。"（《滋溪文稿》卷九）这就是说，袁桷曾奉命编修"三史"，不久因英宗及栢柱被杀害停下来了。袁桷逝

张起岩

世二十多年以后，张起岩等奉诏编修"三史"，朝廷遣使者分行郡国，网罗遗文故学，其孙"乃以家书数千卷来上，三史书成，盖有所助"（出处同上）。

至于天历年间编修辽金宋三史，则和虞集有关。《元史·虞集传》说：天历初，诏修《经世大典》，命虞集与赵世延同任总裁。为早日修成，虞集荐马祖常、杨宗瑞、谢端、苏天爵、李好文、陈旅、宋褧和王士点等学者助修，元文宗不同意，因为"尝命修辽金宋三史，未见成绩"，不宜把修《经世大典》和编修辽金宋三史掺合在一起。对此次编修"三史"，虞集在《送墨庄刘叔熙远游序》里做了系统描述。他说："世祖皇帝时，既取江南，大臣有奏言：国可灭，其史不可灭。上甚善之，命史官修辽金宋史，时未遑也。至仁宗时，屡尝以为言。是时，予方在奉常，尝因会议廷中而言诸朝，曰三史文书缺略，辽金为甚，故老且尽，后之贤者见闻亦且不及，不于今时为之，恐无以称上意，典领大官是其言，而亦有所未建也。天历、至顺之间，屡诏史馆趣为之，而予别领书局，未奏，故未及承命，间与同列议三史之不得成，盖互以分合论正统，莫克有定。今当三家各为书，各尽其言而覆实之，使其事不可废也。乃若议论，则以俟来者，诸公颇以为然。"（《道园学古录》卷三十二）虞集认为天历年间编修辽金宋三史"未见成绩"，在于史官"以分合论正统，莫克有定"；而要解决这个问题，应当"三家各为书"，确为至理名言。当时虽未被采纳，至正三年诏修辽金宋三史，其做法与虞集当年建议的做法如出一辙。虞集虽因年老多病，未被选做

"三史"总裁官，但他的贡献还是不小的。

古人说：史者，国之典法也。元代民间有识之士对修史也很重视。元朝初年，邓申斋和曹毅都曾编修过宋野史，前者见元刘诜《题危太仆与邓子明书后》（《桂隐文集》卷四），后者见苏天爵《曹先生文稿序》（《滋溪文稿》卷六）。曹先生名毅，庐陵（今江西吉安）人。元初平江南，一时名公争相与为友，声誉日著。他善为文，好著述，"每言宋有国三百年，礼乐文物，名臣硕儒，皆表表可纪。国亡，史多散失，乃慨然自任，著书若干卷，未及脱稿而卒"。及诏修"三史"，其仲子以其书上之朝廷。据《闽中理学渊源考》卷三十五说，莆田顾长卿，以荐历福州儒学教授。他曾致书助教陈旅，责备他不作宋辽金三史。陈旅以其书上呈虞集，并说江南有此秀才，大不易得；及谒选京师，会开局修三史。长卿即以所著史稿上中书，得辟史局；以议不合，移疾去。至于元好问欲修国史不得，乃构野史亭，采辑金源君臣遗言往行，哀辑记录，至百万余言，后为元修《金史》所本，这里不多说了。上述三例说明，民间有识之士对编修《宋史》《金史》乃至"三史"，也相当重视。

2. 辽金宋三史的编修概况

辽金宋三史是元顺帝至正三年（1343）三月下诏编修的。诏书规定由中书右丞相脱脱出任都总裁官，中书平章政事铁木儿塔识、中书左丞太平、御史中丞张起岩、翰林学士欧阳玄、侍御史吕思诚、翰林侍讲学士揭傒斯任总裁官。揭傒斯在"《辽史》既进，《金史》垂成"（欧阳玄语）时去世，吕思诚调任地方，又补充李好文、王沂和杨宗瑞三人为总裁官。

要编修三史，首先要解决义例问题。所谓"义例"问题，实际是以谁为正统问题。有的史官主张以宋为正统，也有的史官主张以辽金为正统。元顺帝和脱脱倾向虞集"三家各为书"的主张，即元朝既继承辽金之统，也承绪两宋之统，三家之统不分高下，故辽金宋应当各自为史。这个义例以皇帝诏书的形式下达，上下"定于一"，也就为辽金宋三史的顺利编修铺平了道路。

要编好三史，就要选好史官。对此，脱脱与揭傒斯有段精彩对话。脱脱问："修史之道何先？"揭傒斯回答："收书、用人。"又问："用人何先？"又回答："用人先论心术。心术者，修史之本也，心术不正，其他虽长不可用。"揭傒斯还语重心长地指出："今人徒知求作史法，不知求作史意。古人善言虽微必详，恶事虽隐必书，其意主于劝戒耳。"用人标准明确了，就避免了史官的良莠不齐。大部分史官心术正了，即使有人"露才扬己"，所撰史稿有偏颇，经总裁修正，也能保证所修史书思想和艺术风格的统一。

要编好三史，还要确定原则。据门岿先生《二十六史作者评传》中的《脱脱评传》说，脱脱为三史编修确定了五条原则，①帝纪：三国各史写法依《史记》《汉书》《新唐书》为准，各国称号等事依《南史》《北

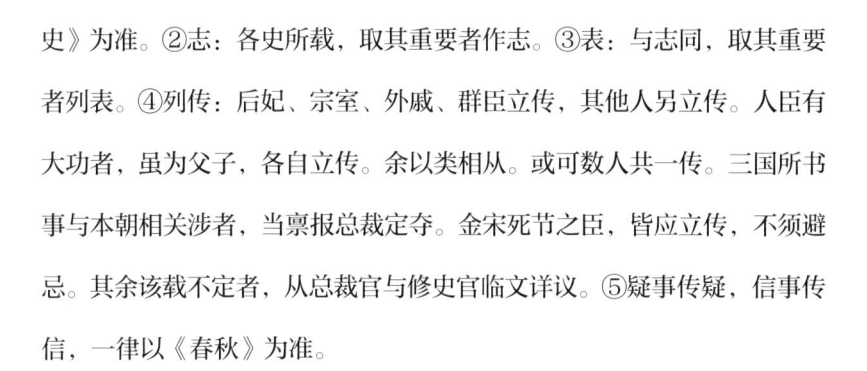

史》为准。②志：各史所载，取其重要者作志。③表：与志同，取其重要者列表。④列传：后妃、宗室、外戚、群臣立传，其他人另立传。人臣有大功者，虽为父子，各自立传。余以类相从。或可数人共一传。三国所书事与本朝相关涉者，当禀报总裁定夺。金宋死节之臣，皆应立传，不须避忌。其余该载不定者，从总裁官与修史官临文详议。⑤疑事传疑，信事传信，一律以《春秋》为准。

《元史·欧阳玄传》说："诏修辽金宋三史，召为总裁官，发凡举例，俾论撰者有所据依。"除凡例由欧阳玄拟定外，三史中的论赞表奏，也由欧阳玄执笔，这就保证了辽金宋三史精神风貌的统一。三史修成后，帝"以玄历仕累朝，且有修三史功，谕旨丞相，超授秩，遂拟拜翰林学士承旨"。

总裁官的具体分工：吕思诚则总裁辽史而二史不与；揭傒斯则总裁辽金二史，而宋史不与；李好文、王沂、杨宗瑞总裁宋金二史，而辽史不与（《陔余丛考》卷十三）。这么说来，张起岩与欧阳玄，在总裁官中就处于统筹三史全局的地位了。

下边，说说三史编修的具体情况。

《辽史》：由廉惠山海牙、王沂、徐昺和陈绎曾四人编修，共一百一十六卷。其中，本纪三十卷，志三十一卷，表八卷，列传四十六卷，国语解一卷。国语解为元人所创，前史所无。辽从唐朝末年兴起于朔方，开国早于赵宋，绵历二百一十七年，刑政日举，品式具备，并非没有可纪可赞之处。但因辽人著述严禁出境，被金朝灭亡后，"旧章散

辽史

失,澌灭无遗",虽有陈大任与耶律俨奉诏所修《辽史》与《皇朝实录》,可供修史使用的资料实在太少,加之时间短促,该史难免有重复琐碎、割裂拼凑等诸多不足。总裁官揭傒斯虽为《辽史》献出生命,也无法弥补史料奇缺所造成的遗憾。尽管如此,较之《五代史》所附,还是翔实得多,可征信的程度也更高,所以《辽史》至今与《宋史》《金史》并行而不可偏废。

《金史》:由沙剌班、王理、伯颜、赵时敏、费著和商企翁等六人编修,共一百三十五卷。其中,本纪十九卷,志三十九卷,表四卷,列传七十三卷。欧阳玄说"惟此金源,起于海裔。以满万之众,横行天下,不十年之久,专制域中。其用兵也,如纵燎而乘风;其立国也,若置邮而传命。及熠兴于礼乐,乃焕有乎名声"(《进金史表》),一跃而成江淮以北的强国,首尾九位皇帝执政,享国一百一十九年,后为元所灭。张柔归《金史》于其先,王鹗集金事于其后。刘祁著《归潜志》,元好问构野史亭,采录金源君臣上百万遗言往行。这一切都为编修《金史》提供了雄厚的基础。顾炎武说:"《金史》大抵出刘祁、元好问之笔,亦颇可观。"(《钦定续文献通考》卷一百六十一)《四库总目提要》说:金史"首尾宛密,条例整齐,约而不疏,赡而不芜,在三史之中独为最善"。

《宋史》：由斡玉伦图、泰不华、杜秉彝、宋褧、王思诚、汪泽民、干文传、张瑾、贡师道、麦文贵、余阙、李齐、镏文、贾鲁、冯福可、陈祖仁、赵中、王仪、余贞、谭慥、张翥、吴当、危素等二十三人分局编撰，荟萃为书。"起自东都，迄于南渡"，历十八君王，绵历三百年以上。全书共四百九十六卷，其中本纪四十七卷，志一百六十二卷，表三十二卷，列传二百五十五卷，在二十四史中，卷帙是最多的。《食货志》为《旧唐书·食货志》的七倍，《兵志》为《旧唐书·兵志》的十二倍，而《礼志》二十八卷，则占到全部二十四史《礼志》的一半。元朝君臣信奉程朱理学，故《宋史》以程朱理学为指导思想，评论是非，且单独为道学家立传，以彰显程朱理学的崇高地位，而对王安石变法则持批评态度。《四库总目提要》说"盖其书以宋人国史为稿本，宋人好述东都之事，故史文较详，建炎以后稍略。理度两朝，宋人罕所记载，故史传亦不具首尾。文苑传只详北宋，而南宋只载周邦彦等数人。循吏传则南宋更无一人"，且史文不加修饰，史实考订、史料剪裁也欠功夫，故在二十四史中又有繁乱芜杂之称。然而，"考两宋之事，终以原书为本，迄今不可废"也。

至正五年（1345）冬十月，"辽金宋三史成，右丞相阿鲁图进之，帝曰：'史既成书，前人善者，朕当取以为法，恶者取以为戒，然岂止激劝为君者，为臣者亦当知之。卿等其体朕心，以前代善恶为勉'"（《元史》卷四十一），道出了元代编修辽金宋三史的政治意义，应该说是相当可贵的。

3. 张起岩对编修三史的贡献

按照《元史·张起岩传》的表述和有关资料的记载，张起岩的贡献可以归纳为以下四点。

第一，熟于金源典故，指导编修了一部好的《金史》。

和欧阳玄生于湖南浏阳、金人从未到过，因而对金源缺乏感性认识不同，张起岩出生于济南，自宋室南渡，济南就在金源统治之下。起岩远祖为金源臣民，高祖张迪"中募版本军三翼都总领。金人南迁，寓迹于农"。张起岩出生于这样一个地区和家庭，不会不从老一辈那里，听到金源这样或那样的典故和遗事。金末元初，有一批金代文化名人如元好问等流寓到东平，而张起岩青年时代也在东平流寓过，当然会听说流寓东平金代文人学者的逸闻和趣事。状元及第以后，起岩升国子监丞，进翰林待制兼国史院编修官，当时著名学者袁桷为应奉翰林文字，知制诰兼修国史，曾请求朝廷购求辽金宋三史遗书，供编修辽金宋三史使用。张起岩在国史院除了能看到国史院原藏图书、秘籍外，还能看到当时搜购来的遗书资料，因而他"熟于金源典故"。在三史中，《金史》"独为最善"，当然是《金史》编修官的功劳，本传谓其"熟于金源典故"，自然也是肯定他对编好《金史》所做的不容忽视的贡献。

第二，为宋代道学家专门立传。

张起岩现存散文五十多篇，其中有二十多篇是记庙学修建和加封孔子为"大成至圣文宣王"的。这些散文，字里行间洋溢着他的尊孔崇学的感情。元代实行三教合一的政策，而儒学的地位尤高，特别是程朱理学。元初，程朱理学由赵复传入北方，姚枢、窦默、许衡均致力于程朱理学的研读和传承，他们认为孔孟之学到了朱熹，方能超越诸子而上接孟子，对社会发展产生了深远影响。许衡在继承和发展程朱理学方面做出了重要贡献，被认定为元代大儒而从祀孔子。欧阳玄、阿鲁图和张起岩都是推崇程朱理学的，所以在编修《宋史》时，于儒林列传之前，辟出四卷，专门为道学家们立传。卷四百二十七，道学一收了周敦颐、程颐、程颢、张载、张戬和邵雍；卷四百二十九，道学二收了朱熹和张栻。至于卷四百二十八和卷四百三十，则分别收了程氏门人和朱氏门人。这四卷史书，把宋代道学的发生、发展和传承描述得一清二楚。《元史·张起岩传》说他"宋儒道学源委，尤多究心"，说明《宋史》道学传的专列，虽非张起岩一个人的功劳，而他的贡献应该是最大最多的。

第三，为辽金宋三史把关。

在辽金宋三史的都总裁官和总裁官中，脱脱干了一年，后由阿鲁图接任。三年史成，阿鲁图进之。他在奏表中说，"臣素不读汉人文书，未解其义"（《元史·阿鲁图传》），当然他不必也不能在文字方面为辽金宋三史把关。在《元史》中，提及能为三史把关的只有欧阳玄、张起岩和揭傒斯三人。《元史·揭傒斯传》说，诏修辽金宋三史，傒斯与为总裁官。他毅然以笔削自任，以求归于至当而后止。可惜《辽史》成书后，他去世了。因而能总裁三史，严格把关的只剩下欧阳玄和张起岩二人。《元史·欧阳玄传》说："诏修辽金宋三史，召为总裁官，发凡举例，俾论撰者有所据依；史官中有悻悻露才、议论不公者，玄不以口舌争，俟其呈稿，援笔窜定之，统系自正。"而《元史·张起岩传》则说："史官有露才自是者，每立言未当，起岩据理窜定，深厚醇雅，理致自足。"史官对欧、张二位总裁官总裁工作的评述，大体相近，而张起岩除去纠正史官不当立言外，对文字关把得也很严，使三史达到了"深厚醇雅，理致自足"的境地。

第四，为编修三史延揽人才。

揭傒斯说过，修史的当务之急是用人，对于人才，张起岩也很重视，推荐人才不遗余力，在江南行台做御史中丞时，就把危素推荐上去。据宋濂说，危素师事吴澄和范德机，名动江南。游金陵，有人把危素的文章推荐给张起岩。张起岩是状元出身，很少称赞别人。他看了危素的文章后说："危君为状元庶几相当，老夫有愧色矣。"起岩入朝，遂携危素以行。到京后，达官贵人争着和危素结交，争相推荐，唯恐失之。起岩移书执政，请求让他与修辽金宋三史，危素遂成为《宋史》编修官之一。危素遍行两宋旧都，采撷遗文旧事，对《宋史》的成书出力甚多。后来，危素成为元明之际的文化名人，起岩功不可没（宋濂《文宪集》卷十八《故翰林侍讲学士中顺大夫知制诰同修国史危公新墓碑铭》）。

另外，元统元年（1333），张起岩与王结、欧阳玄一起撰修过泰定、天历两朝实录（按：本传谓其"修三朝实录"）；至正八年（1348），诏修后妃、功臣列传，张起岩、杨宗瑞和黄溍都被任命为总裁官，可见张起岩在纂修国史方面也做出了自己的贡献。

第九章

张起岩笔下的道教宫观

这个论题是否可取呢？我以为答案应当是肯定的。因为从中可以窥见元代文化思想的多元化，也说明张起岩尊儒而不拘泥于儒，他通权达变，对中国传统文化有着广泛的了解和深刻的认识。众所周知，道教是中国传统文化的重要组成部分，而老子则是中国古代卓越的思想家、道家的创始人、道教的始祖，孔子尊之为"龙"，庄子说他是"古之博大真人"。元代以佛教为国教，对儒家极为尊重，对道教也很重视，实行儒、释、道三家共存共荣的政策，故元代许多文化名人同道教大宗师及其门徒有着广泛的交往和深厚的友谊。在此环境中，张起岩和释大䜣唱和吟咏，为老子和全真教写几篇碑记，岂非常事，又有何不可呢？

在张起岩现存的作品中，《亳州天静宫兴造碑》是为老子而作的。在金元时期，全真教在山东尤其是山东半岛非常盛行，故《迎祥宫碑》和《劳山聚仙宫记》是记叙全真教在济南和青岛劳山（今崂山）传播的情况的。此外，他在《祝圣道院碑》里写到马丹阳及其道徒在福山县修道的遗迹。道教大师尹志平曾主持潍县玉清宫。而张起岩在《潍县八景》的《玉清晓烟》诗中，则描述了玉清宫每天早晨烟霭凌云、霏微万状的奇异景色。在这里我们对天静宫、迎祥宫和聚仙宫三宫碑所涉内容，做一点简括的描述和论析。

1. 老子降生地的天静宫

《史记·老子列传》说："老子者，楚苦县厉乡曲仁里人也。姓李氏名耳，字伯阳，谥曰聃，周守藏室之史也。"苦县，旧县名，汉置，

亳州天静宫

晋改名谷阳，唐改名仙源，故城在今河南省鹿邑县东。《史记正义》引《括地志》说："苦县在亳州谷阳县界，有老子宅及庙，庙中有九井尚存，在今亳州真源县。"《明一统志》说，天静宫在亳州东一百二十里，故张起岩笔下的天静宫叫作亳州天静宫。

《亳州天静宫兴造碑》写于元英宗至治三年（1323），而不是《全元文》所标注的至顺三年（1332），和《迎祥宫碑》写于同一年，起岩当时正在济南历城华不注里居家为母亲守丧，他守丧前的职衔是翰林待制兼国史院编修官，两通碑上的落款都是这样，证明两篇碑文写于同年。该碑是应天静宫提点刘道广的请求而作，两度跋涉千里涉河而来再三致意的则是起岩乡亲天静宫道士牛志春，碑文中有明确交代。

亳州是老子的诞生地，为他建造的宫观不止一处。太清宫，在亳州西四十五里，旧名紫微宫，天宝二年改，《通志》说那里是老子所生之地，见《大清一统志》卷八十九。明道宫，在亳州。元宪宗四年朝臣得太清、明道两宫遗址于亳州，上报宪宗请求复建，经世祖、成宗两朝许多全真教大师苦心经营，最终建成。翰林承旨学士王鹗为其撰写《大元奉玄明道宫修建碑》，见《中州名贤文集》卷五。玉清万寿宫，在亳州州治北街之东，见《明一统志》卷七。由此可见，由刘道广和牛志春等道徒"经营三纪"的天静宫，只是亳州为老子兴造的宫观之一。

亳州天静宫规模如何？提点刘道广说："我师徒经营三纪，视它所为雄丽。"言下之意是说，"天静宫，老君所生之地"，比亳州太清宫、明道宫更加雄伟壮丽。张起岩说："宫在城父（县）之福宁镇东南，去亳郡四舍（按：古代以三十里为一舍），南距涡河二里，下临淮水。世传老子在妊，有星突流于园，既而降诞，则天静之基旧矣。"天静宫始建于何年，它无所考，只有宋天禧二年（1018）盛度所撰碑文铭文半存，宫毁于兵，荡然无存。蒙古族统一中国，道教受到元太祖的器重，日益兴盛，积以岁月，往昔被摧毁的庙宇渐复旧观，故天静宫的兴造日新月盛，也许是天意所在吧！亳州天静宫是在旧址上兴造的。旧址一分为二，一边为三清殿，供奉三清；一边为太上老君殿，供奉太上老君，殿前有三门，殿后有一丈见方的斗室。监坛、灵宫有堂，诵经有所，钟有楼，井有亭，道士居住有区舍。至于厨房、仓库、马厩，一应俱全。单是厅前的楹柱就有一百多，流星园、圣母殿还没算在里边。在天静宫附近，还设有旅馆、果园、菜地，以供日用。挑选出三十亩好地为永业田，以供养宫中上百道长信徒。本宫主持操心劳力，真够辛苦的了。

道家和道教争先恐后地为老子兴造宫观是有深刻的历史原因的。张起岩指出："自汉氏尚黄老，而老氏之教盛。太史公叙九流，于道家极称与，加以时君好之者，其教日盛。唐推老君为祖，加号圣祖大道玄元皇帝。宋亦以祖列于上真，又上宝册于太清宫，加太上老君混元上德皇帝之号。由是宫观遍乎寓县，簪裳错乎民编，而其教益盛。近世全真氏出，益恢以大。"流派虽多，都本于老子。而老子出生之地，为其兴造雄伟壮丽的宫观，也就理所当然了。

这篇碑文的亮点，在于作者对老子的思想做了必要的阐释，且谓道徒崇建宫观似与老子思想相左。张起岩指出，他尝观《道德经》，理解老子思想的真谛。老子说："贵大患若身，吾之所以有大患者，为吾有身，及吾无身，夫有何患。"又说："我有三宝，持而保之。一曰慈，二曰俭，三曰不敢为天下先。慈故能勇，俭故能广，不敢为天下先，故能成器长。"又说："圣人之道，为而不争。"还说："不自见故明，不自是故彰，不自伐故有功，不自矜故长。夫唯不争，故天下莫能与之争。"无身、无为与不争，这就是老子思想的核心内容。张起岩又指出：庄子出于老子，以老子思想为指归。庄子也说："虚静恬淡，寂寞无为者，万物之本也。"可见老子"爱清爱静，退让无我"，把名看作身外之物，他哪在乎"争先矜炫"这类徒有其名的不急之务呢！那么，全真教长们为什么热衷于为老子兴造宫观呢？张起岩指出："然而为其徒者，必大其宫室，尊其称谓，土木之工，金碧之饰，不以少逊于浮屠氏，似与老庄立言之指相左，而此以为不如是不足以尊其教也。"他们的动机还是好的。更何况他们"以诸方云水之偶合，能一意乎报本返始，而迄续乎成，则是可尚也已"。所以张起岩乐意为之撰写碑文，并在铭中予以称许说："劫火荐经，荡焉无迹。破荒起废，谅自有时。涂榛级夷，日剪日治。手胼足胝，始垣以基。乃殿乃宇，乃庑乃祠。斋庖库庾，经构靡遗。烝徒景从，为国祝釐。归美君师，报本在兹。"

2. 与舜祠合为一体的迎祥宫

《迎祥宫碑》和《亳州天静宫兴造碑》都写于元英宗至治三年（1323），而《迎祥宫碑》写于该年十月庚申朔，比《亳州天静宫兴造碑》早一个月，是应济南路道门提点邵道康的请求而撰写的。

《迎祥宫碑》主要是记述全真教大师重玄子陈志渊于金朝末年来到济南，率其门徒创建宫观，弘扬全真教义，逐步使"迎祥宫遂为府城胜处"，成为该教在齐鲁大地一处活动中心的历程的。

迎祥宫是在全真教大师陈志渊的亲自主持下，由其门徒经过多年努力兴建起来的。陈志渊河间人，幼归全真教，师事长春真人丘处机，金宣宗兴定四年（1220）来到济南，在华不注山麓结庐寓居；明年，道徒稍集，遂迁居山北，后七年移居华不注山之阳，建起了后来所说的华阳宫。济南府城门正南少西，旧有虞舜祠，是唐贞元年间重修的，祠在舜井傍，祠内有宋欧阳修诗碑，大字石刻，当时尚存。元世祖至元十三年

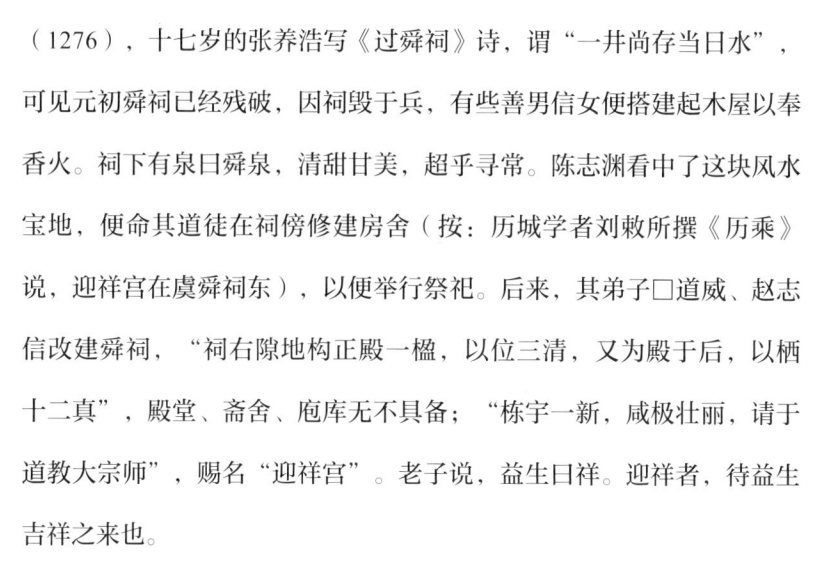

（1276），十七岁的张养浩写《过舜祠》诗，谓"一井尚存当日水"，可见元初舜祠已经残破，因祠毁于兵，有些善男信女便搭建起木屋以奉香火。祠下有泉曰舜泉，清甜甘美，超乎寻常。陈志渊看中了这块风水宝地，便命其道徒在祠傍修建房舍（按：历城学者刘敕所撰《历乘》说，迎祥宫在虞舜祠东），以便举行祭祀。后来，其弟子□道威、赵志信改建舜祠，"祠右隙地构正殿一楹，以位三清，又为殿于后，以栖十二真"，殿堂、斋舍、庖库无不具备；"栋宇一新，咸极壮丽，请于道教大宗师"，赐名"迎祥宫"。老子说，益生曰祥。迎祥者，待益生吉祥之来也。

迎祥宫的兴建，引起了元朝皇帝和地方高级官员的重视。元成宗元贞元年（1295），济南路总管府总管兼府尹斡赤来拜谒舜祠，慨其庳陋弗称，于是"撤旧祠为殿，中设黼座，奉帝像，后连寝殿，居二妃。丹楹刻桷，雕甍朱□，轮焉奂焉，有加于旧。又浚泉，甃其四周，压以文石，缭以朱楯，中为画桥，达寿□"。其后，武宗皇帝遣侍臣今亚中大夫兵马都指挥使忙兀带持香来祀，于是宪臣、漕臣、守土臣岁时为国祈福，都到三清殿来，恭事惟谨，而迎祥宫遂成为府城胜处。殿宇年久失修，赵志信师弟邵道康乃为修葺，复还旧观，道康请文纪颠末，张起岩遂撰文并书，且由张养浩篆额，该碑至今尚存，成为七百多年来不可多得的珍贵文物。

陈志渊为什么要来济南兴造宫观、传播全真教呢？因为他认为济南兼得山水之胜。张起岩指出："济南之城，面山负渚，地灵川秀，蔚为山东名藩。历城县，名由历山，舜有祠，盖久也。环城诸山若锦屏、龙洞、佛岩、奎函、匡黄、鹊药，北望雄且丽，而巉岩万寻，孤撑云表，则华不注山为之冠，峻秀之语，见称李白，非偶然也。合是二美，重玄子兼而有之，识见固异常哉！"在碑铭中，张起岩也指出："有承其传，曰全真氏。奠居济南，繄重玄子。山灵川媚，是惟历城。华峰孤撑，舜泉清泠。萃兹二美，重玄兼有。率徒稽首，祈天子寿。"天下名山僧占多，洵非虚语！

迎祥宫碑文的独特之处在于合写舜祠与三清殿，并把儒道两家以及大舜文化和全真教融合在一起，且不可偏废。在张起岩看来，全真教和大舜文化似乎有着某种历史上的渊源关系，所以他在碑铭里写道："大道希微，出天地先。日用不知，孰究其然。望而索之，茫乎无垠。近取诸身，夫岂远人。窃惟大舜，克让克孝。察于人伦，万世是效。昔周柱史，立言五千。于帝其训，理或一焉。有承其传，曰全真氏。奠居济南，繄重玄子。……帝疏遗泽，以鉴以濡。气绵苍梧，霖雨八区。既新舜祠，亦隆真宇。有冯有翼，全齐快睹。桓桓武皇，圣孝一揆。驰香揭虔，昭示民轨。"在这里，起岩使用"昔周柱史，立言五千。于帝其训，理或一焉"把老子之道和虞舜之教联系在一起，符合老子"人法地，地法天，天法道，道法自然"的思想，颇有见地。

迎祥宫碑因深藏舜井街居民墙壁中而完好地保存至今，是珍贵的历史文物。因其不见于方志，《全元文》未能收录。韩明祥和桑曙二位先生在《济南舜井街元代迎祥宫碑考》一文附录了该碑原文，但他们认为字画辨析尚不尽如人意。谭景玉先生把韩、桑二位先生校订的碑文借给我，还附有该碑的四张分段图。经过深入研究勘对，我校订了碑文的若干不足之处。今附录于此，仅供有关专家和读者使用时做个参考。

迎祥宫碑

翰林待制奉议大夫兼国史院编修官张起岩撰并书

嘉议大夫礼部尚书张养浩篆额

重玄子陈公志渊之来济南也，即府治东北华不注山南麓结庐托处，属金兴定庚辰岁；明年，其徒稍集，遂迁于山之北；又七年正大戊子奠居山之阳，今所谓华阳宫者。府城门直南少西，旧虞舜祠，宋欧阳文忠公诗石刻在焉。祠毁于兵。厥后，或为板屋以奉香火。祠下有泉，曰舜泉，湮洌不常。重玄子分命其徒葺舍于傍，为修祀事。继而弟子□道威、赵志信改营舜祠，于祠右隙地构正殿一楹，以位三清；又为殿于后以栖十二真。为火星殿，为堂，为斋舍，为庖库，三□，栋宇一新，咸极壮丽。请于道教大宗师，赐今额。

元贞初，中顺大夫总管兼府尹斡赤来谒祠下，慨其庳陋弗称，于是撤旧祠为殿，中设黼座，奉帝像；后连寝殿，居二妃。丹楹刻桷，雕甍朱□，轮焉奂焉，有加于旧。又浚泉，甃其四周，压以文石，缭以朱楯，中为画桥，达寿□（疑为宫）。武宗皇帝朝，遣侍臣今亚中大夫兵马都指挥使忙兀带持香来祀，宪臣、漕臣、守土臣岁时为国家祝厘，咸走三清殿，恭事惟谨，而迎祥宫遂为府城胜处。然殿宇岁久寝坏，志信高弟邵道康乃为修葺，复还旧观。道康偕东岳庙提点周道复来请文纪颠末，走以郡人，不得终辞。

窃谓济南之城，面山负渚，地灵川秀，蔚为山东名藩。历城县，名由历山，舜有祠，盖久也。环城诸山若锦屏、龙洞、佛岩、奎函、匡黄、鹊药、北望雄且丽，而巉岩万寻，孤撑云表，则华不注山为之冠，峻秀之语，见称李白，非偶然也。合是二美，重玄子兼而有之，识见固异常哉！盖国初，民始安集，而全真之教方行，名山胜地，为羽流所擅，斯不难也。若稽田，既垦既勤，敷菑以畬，耒者耰播，或无荒弃，则亦无或虞艰食。重玄子开于前，其徒能继其志，道康又能补苴罅漏，以无弃前人基，迎祥之庆，宜鼎鼎未艾，是可纪也。重玄子河间人，幼归全真教，师事长春丘真君，赐号圆明大师。道咸尝为济南路都道录。志信赐号崇真大师。道康赐紫金襕寂昭通玄大师。今为济南路道门提点。铭曰：

大道希微，出天地先。日用不知，孰究其然。望而索之，茫乎无垠。近取诸身，夫岂远人。窃惟大舜，克让克孝。察于人伦，万世是效。昔周柱史，立言五千。于帝其训，理或一焉。有承其传，曰全真氏。奠居济南，繄重玄子。山灵川媚，是惟历城。华峰孤撑，舜泉清泠。萃兹二美，重玄兼有。率徒稽首，祈天子寿。天作青土，藏宝兹峰。镇于大东，时和岁丰。帝疏遗泽，以鉴以濡。气绵苍梧，霖雨八区。既新舜祠，亦隆真宇。有冯有翼，全齐快睹。

桓桓武皇，圣孝一揆。驰香揭虔，昭示民轨。群臣祝厘，济南骏奔。如星共极，媚于大君。羽流云集，灵章载演。飚游驻空，降福简简。地平天成，维天子明。刑威赏庆，维天子圣。有来簪裳，朝夕必饰。天子万年，永建皇极。

大元至治三年岁次癸亥冬十月庚申朔，赐紫金襕寂照通玄大师济南路道门提点邵道康等立石。石匠提领尹澄男尹聚、王顺、黄三刊。

3. 海上名山第一——劳山聚仙宫

《劳山聚仙宫记》写于元泰定帝泰定二年（1325），是记通元隐真子李志明来劳山修真传道、兴造劳山聚仙宫的故事的。

劳山，也写作崂山，在山东省青岛市崂山区，北接即墨区，东南西三面濒临黄海，险峰奇石，清泉流水，随处可见，素有海上名山第一之称。相传仙人安期生居此，秦皇汉武都曾到此求长生不死之药。元代此地成为道教传播圣地。王重阳是全真教的创始人，曾到昆嵛山、莱州、登州传教，其徒林立山峙，云蒸波涌，以播敷恢宏其说，于是并海之名山圣境，率为所有。丘处机（1148—1227），今登州栖霞人，号长春子，拜王重阳为师，声名日著，后隐居栖霞山中，在劳山留有石刻多处。元太祖十四年（1219），丘处机应成吉思汗的召请，率弟子西行，次年四月于大雪山朝见成吉思汗，进言止杀，被称为"神仙"。东归后他寓居燕京太极宫,受命掌管天下道门,不久病死。所以张起岩在铭文中说:"兹山峻秀横天东,下插沧海高凌空。丹崖翠壁何穹窿,琼枝琪树分蒙茸。明霞霁映扶桑红,灵扃太宇相昭融。仙驭隐见空明中,鸾鹤缥缈翔天风。有客寓迹白云峰,翠华为盖冰雪容。道价辉赫闻九重,凤书远召来崆峒。卜基芰落荆榛丛,翚飞鸟革如神工。长春宴毕留仙踪,乘云一去追无从。空余夜鹤号长松,隐真学道知其宗。"可见李志明是王重阳的派孙、丘处机的弟子、全真教的传人。

　　元成宗大德(1297—1307)年间,李志明来到崂山,寓居上清宫。上清宫,创建于北宋初年。当五代时,华盖真人刘若拙从四川来崂山修道隐居,宋太祖得知他道行甚高,把他召到京师,没过多久他坚请还山,宋太祖下诏在崂山为他修建大平兴国院,上清、太清二宫是其别馆。据《崂山志》说,李志明杖屦东来时,以清虚为体,明道为宗,见上清宫就圮,叹曰:东海名山,仙师遗迹,岂容泯灭。非天不畀人,人自弃耳。与其徒除荆榛,辟土鸠工,重理殿宇,居上清一纪(按:古代以十二年为一纪)。张起岩说:"至若下插巨海,高出天半,连峰复岭,绵结环抱,盘据数百里,长松交荫,飞泉喷薄,珍草奇木,骈生间出,檐楹轩户,隐见于烟云杳霭之间,凭高引领,历览无际,使人有遗世之念,则为崂山上清宫。"又说:"上清宫据山之巅,又全得其胜,是宜为仙真之窟宅,人天之洞府。"这里是隐居修道的好去处,所以李志明初来崂山,选居上清宫。

　　而后,李志明又建聚仙宫奠居。《崂山志》说:聚仙宫居烟云涧之

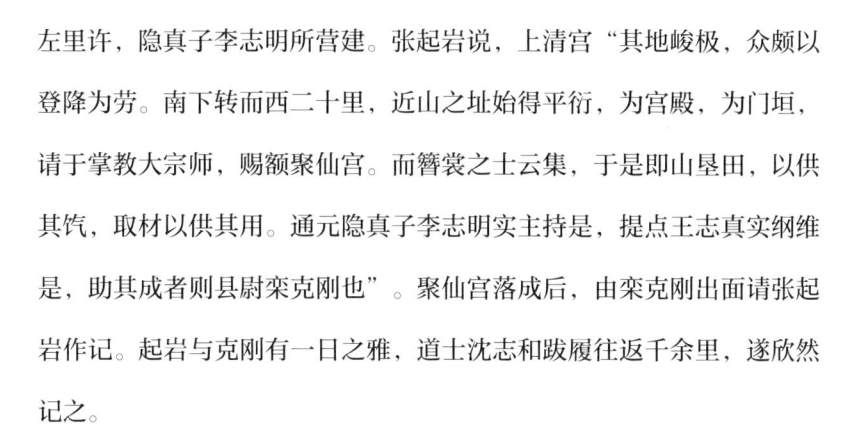

左里许，隐真子李志明所营建。张起岩说，上清宫"其地峻极，众颇以登降为劳。南下转而西二十里，近山之址始得平衍，为宫殿，为门垣，请于掌教大宗师，赐额聚仙宫。而簪裳之士云集，于是即山垦田，以供其饩，取材以供其用。通元隐真子李志明实主持是，提点王志真实纲维是，助其成者则县尉栾克刚也"。聚仙宫落成后，由栾克刚出面请张起岩作记。起岩与克刚有一日之雅，道士沈志和跋履往返千余里，遂欣然记之。

再后，李志明移居明霞洞。《崂山志》说：明霞洞上如厦石之环列，若堵户牖，皆天成也。佛宇僧舍居左右，有石壁，缘石磴数百级乃上。观海清澄，度越天际，得道家空寂之妙。而张起岩记得更加详细具体。他说："又阅一纪，其徒林志远、志全即昆嵛云霞洞延之，至，筑为环堵明霞洞，洞在上清之巅又三里许。块处二十五年，远近信向，稽首问道者络绎相属。今年八十，步履轻健，计平昔迁居四十处，度徒几五百，其志行可知已。"张起岩对其一生功德深表赞许。

《崂山聚仙宫记》和《迎祥宫碑》不同之处在于，它把道家思想、全真教义和隐真子志行连在一起加以品评。张起岩说："夫老氏之为道，以虚无为宗，以重元为门。秦汉以来，号方士者始有神仙不死之说。若全真为教，大概务以安恬冲澹，合其自然，含垢忍辱，苦心励行，持之久而行之力，斯为得之。"观王重阳、丘处机、刘处玄、王处一、马丹阳、孙不二等真人所写的全真词，知张起岩对全真教义的评论，切中肯綮。至于对李志明，张起岩也表达出高度的景仰之情。张起岩接下去说："隐真子心契道真，处于环堵，恬然自如，不言而人自化，不动而众皆劝，是其真积之至，故能易硗确而轮奂于斯，以为祈天永命之所，是则可尚也已。"铭曰："长春晏毕留仙踪，乘云一去追无从。空余夜鹤号长松，隐真学道知其宗。环堵块居神内充，志行超卓惊凡庸。谈说恳欵开愚聋，向风景仰众所同。善誉殷殷声隆隆，作室要嗣先人功，徒役竭蹶惟虔共，平地突起真仙宫。"

应当说明的是，劳山聚仙宫在20世纪50年代已全部拆除了。

第十章

张起岩诗文综述

《元史·张起岩传》说："起岩博学有文，善篆、隶，有《华峰漫稿》《华峰类稿》《金陵集》各若干卷，藏于家。"可惜这些资料在战乱中逸失了。

明代编《永乐大典》，收有《张文穆公集》诗十六首，《永乐大典索引》归于张起岩名下。这十六首诗见于《养蒙集》，是张伯淳的作品。清代修《四库全书》，收有张之翰的《西岩集》。其诗清新，有苏、黄遗风，文亦颇具唐宋旧格，核其诗文，有人认为是张起岩的作品，后经调查研究，确认不是。据搜狐网说，今存《华峰漫稿》一卷，长洲顾氏秀野堂藏书，清康熙五十九年（1720）南沙席氏刊印，清光绪十四年（1888）重印。笔者未见其书，不敢妄断。

现存张起岩诗文，是《全元文》《全元诗》编者从各种历史文献、方志和元人文集附录中辑录出来的，总计收文五十四篇，诗二十首。《全元文》仓促成书，遗漏尚多，《迎祥宫碑》《〈张斯和墓碑〉碑阴记》《元故从仕郎河间路齐东县致仕蔡君天祥墓志铭》和《跋宋马和之〈袁安卧雪图〉》等文漏掉了。应该加以补收。

以上是张起岩诗文流传和现存情况，下面对其诗文做大致综述。

1. 张起岩现存散文概况

张起岩现存的五十多篇散文，主要为两大类，一类是杂记，另一类是传状碑铭。还有少数几篇是序、跋、铭、赞。

先看他的杂记文。

张起岩现存杂记文二十五篇，没有山水游记，也没有人物、名画杂记，清一色的记名胜宫室的修造。《福山县修学记》《宁海州儒学记》《（长山县）重修庙学记》《济南路庙学新垣记》《（利津县）重修大成殿记》《盘阳府路重修庙学记》《伦镇庙学记》《弦歌书院记》《武邑县学宫记》《文庙学田记》《潍州庙学大成门记》《句容县恭刻制词记》《临淄县加封大成至圣文宣王记》《肥城县加封大成至圣文宣王记》等，都是颂美元代尊孔兴学的。张起岩说："窃惟夫子之道，若揭日月，与天地相终始，亘千万世，莫之能违。考之前代，知尊崇者十数君，曰尼父，褒成宣尼、文宣尼父，曰太师，曰邹国公、隆道公，曰文宣王，曰元圣、至圣，皆未若皇元得于经之自然之文也。皇乎圣哉！"（《临淄县加封大成至圣文宣王记》）又说："圣朝文轨混一，化行远迩，人沐渐磨之教，士隆淳朴之风，皆知为圣贤之学，其视列国之俗，又何如哉！夫自洒扫应对、进退六艺之习以培

张起岩篆额《句容县恭刻制词记》碑额拓片

张起岩

其初,明德新民、止于至善以要其终,广其见闻而勉于进修,始于成己而终于成物,期于以身任道而不惑于异,其上不负天子,下不负所学,庶有以仰承国家崇化育材之意,则是学者所当事,亦长民之所愿也。"(出处同上)对孔子为什么要尊,庙学为什么要兴,以及如何兴学尊孔做了系统而深入的阐述。自元武宗下诏加封孔子为大成至圣文宣王后,元朝各地兴起了为加封而立碑纪实的热潮,张起岩的这些文章只是记述此举的一个缩影,其他篇章所记内容大同小异,就不必一一列举了。而《行台公署察院正厅记》和《创建鼓楼记》,一写章丘县创建鼓楼的意义,文章通俗易懂,可存而不论;一写江南行台整修行台公署察院正厅的缘由以及监察官员应当以身帅下,公正执法,而整修行台察院,在第五部分业已论及,这里不再重复。至于《柏轩记》《刘文简公祠堂记》和《范文正公祠堂碑记》,则是写范仲淹、刘敏中和处士宋庆馀的懿言善行的。范仲淹名垂青史,无须赘言;刘敏中为"四文公"之一,留到后边相关部分去说,这里只介绍下《柏轩记》吧。

《柏轩记》写章丘处士宋庆馀,他读书励行,绩学缵文,以宿儒隐德,为乡里矜式。友人植柏于其堂之北,枝繁叶茂,他以之名轩,故曰柏轩。在常人看来,柏轩荒寒幽僻;在高士看来,则疏爽淡雅,与隐士正相宜。宋处士请张起岩为柏轩作记,张起岩谓柏轩类贤者之居说,"且夫名园、甲第、珍木、异卉,见于纪传,称于当时,表表在人耳目者,虽一时可数,然不一再传,或转而为异姓之所居,人之过之,莫不吁嗟慨叹。而贤者之居,如曲阜陋巷之井,南阳卧龙之庐,异代之后,

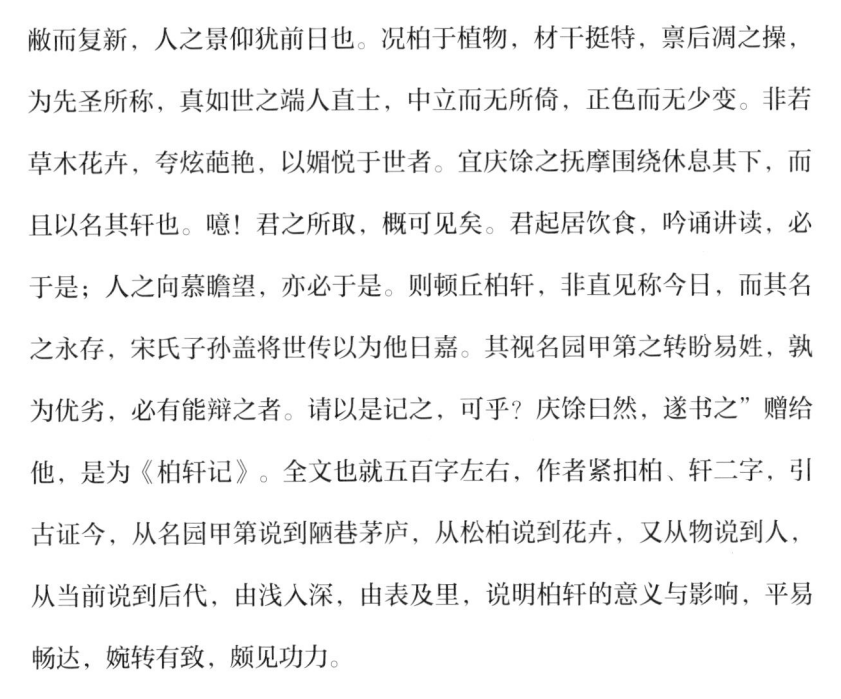

敝而复新，人之景仰犹前日也。况柏于植物，材干挺特，禀后凋之操，为先圣所称，真如世之端人直士，中立而无所倚，正色而无少变。非若草木花卉，夸炫葩艳，以媚悦于世者。宜庆馀之抚摩围绕休息其下，而且以名其轩也。噫！君之所取，概可见矣。君起居饮食，吟诵讲读，必于是；人之向慕瞻望，亦必于是。则顿丘柏轩，非直见称今日，而其名之永存，宋氏子孙盖将世传以为他日嘉。其视名园甲第之转盼易姓，孰为优劣，必有能辩之者。请以是记之，可乎？庆馀曰然，遂书之"赠给他，是为《柏轩记》。全文也就五百字左右，作者紧扣柏、轩二字，引古证今，从名园甲第说到陋巷茅庐，从松柏说到花卉，又从物说到人，从当前说到后代，由浅入深，由表及里，说明柏轩的意义与影响，平易畅达，婉转有致，颇见功力。

至于《代祀北镇之记》，带点山水游记的味道，短小精悍，也值得一读。

再说张起岩的传状碑铭。

古代碑志文有三类，即纪功碑文、宫室庙宇碑文和墓碑文。这三类碑文，在张起岩现存作品中都有，只是数量不等，宫室庙宇碑文最多，墓碑文次之，纪功碑文只有两篇"去思碑"。《李侯去思碑记》，是写满城县尹李正卿的德政的。他离开满城十五年以后，满城民众怀念他，遂立碑纪之。他的德政，概括起来有以下八点：第一，深入乡社裨户，调查租税负担情况，务使贫富差等，按籍而行，做到公平合理，并鼓励民众垦殖废田，增加农户收入；第二，亲自处理狱讼案件，化解矛盾，做到讼清民安；第三，抑豪强，严治兵，豪强有敢病民者，痛绳以法，对驻县蒙古兵的不法行为，也敢于诘治；第四，对于官家马驼，采用集中饲养的方式，以防官"吏旁缘为奸"扰民；第五，在离城府较远的地区，设立巡检机关，严防盗贼窃发，祸害民众；第六，境域被毁桥梁，及时修复，方便民众通行；第七，以工代赈，救济灾民；第八，严于律己，治吏严谨，空闲时率僚属讲说经史，可谓"君之政务，细大毕举"。人品决定官品。李正卿之所以善于为政，惠及万民，在于他的人品好。他初到满城，有人对他说，满城难治。他回答说："是岂民之罪哉！特长民者化导之方有未至耳。苟为政以躬率，洁己以治人，奚其难！"这话说得多么好呀！因其政绩突出，"宪司拟其治绩为一道最，三以治状闻于台，入为户部主事"。张养浩著《牧民忠告》，言上任、听讼、御下、宣化、慎狱、救荒诸政，李正卿做得都比较好，可谓元代良吏。

张起岩所撰宫室庙宇碑文，有《福山县加号大成至圣文宣王碑》《胶州加封至圣文宣王碑》《元诏加宣圣大成碑》《皇元制封启圣王暨兖郕沂邹公碑》《亳州天静宫兴造碑》《迎祥宫碑》和《伏生祠碑》。其中前四篇是写孔子加封为大成至圣文宣王以及封孔子父为启圣王，封颜回为兖国公、曾参为郕国公、子思为沂国公、孟子为邹国公的。张起岩说："文宗皇帝继志述事，思孔子之圣，复揆厥所生，王以启圣，沿其流派，施及颜曾思孟，其崇孔氏之道，允为大备矣。而前代于孔子之父，盖尝以上公列国封之，固未若此之称情也。于颜曾思孟，亦以上公

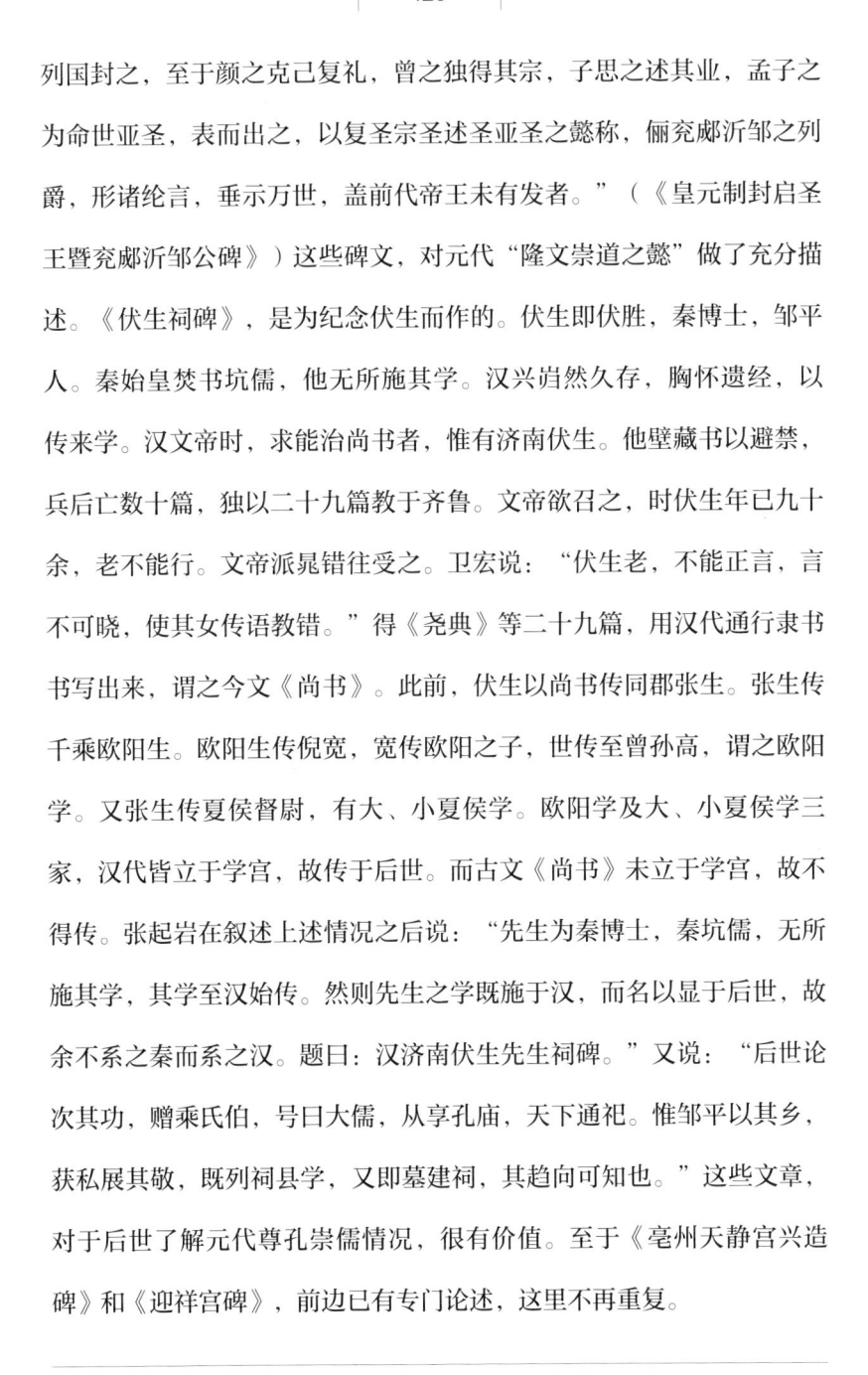

列国封之，至于颜之克己复礼，曾之独得其宗，子思之述其业，孟子之为命世亚圣，表而出之，以复圣宗圣述圣亚圣之懿称，俪兖郕沂邹之列爵，形诸纶言，垂示万世，盖前代帝王未有发者。"（《皇元制封启圣王暨兖郕沂邹公碑》）这些碑文，对元代"隆文崇道之懿"做了充分描述。《伏生祠碑》，是为纪念伏生而作的。伏生即伏胜，秦博士，邹平人。秦始皇焚书坑儒，他无所施其学。汉兴岿然久存，胸怀遗经，以传来学。汉文帝时，求能治尚书者，惟有济南伏生。他壁藏书以避禁，兵后亡数十篇，独以二十九篇教于齐鲁。文帝欲召之，时伏生年已九十余，老不能行。文帝派晁错往受之。卫宏说："伏生老，不能正言，言不可晓，使其女传语教错。"得《尧典》等二十九篇，用汉代通行隶书书写出来，谓之今文《尚书》。此前，伏生以尚书传同郡张生。张生传千乘欧阳生。欧阳生传倪宽，宽传欧阳之子，世传至曾孙高，谓之欧阳学。又张生传夏侯督尉，有大、小夏侯学。欧阳学及大、小夏侯学三家，汉代皆立于学宫，故传于后世。而古文《尚书》未立于学宫，故不得传。张起岩在叙述上述情况之后说："先生为秦博士，秦坑儒，无所施其学，其学至汉始传。然则先生之学既施于汉，而名以显于后世，故余不系之秦而系之汉。题曰：汉济南伏生先生祠碑。"又说："后世论次其功，赠乘氏伯，号曰大儒，从享孔庙，天下通祀。惟邹平以其乡，获私展其敬，既列祠县学，又即墓建祠，其趋向可知也。"这些文章，对于后世了解元代尊孔崇儒情况，很有价值。至于《亳州天静宫兴造碑》和《迎祥宫碑》，前边已有专门论述，这里不再重复。

张起岩

蔡天祥墓志铭

张起岩的墓碑文较多，有《齐河冀氏先茔之碑》《耿公先世墓碑》《蓟国公张氏先茔碑》《李氏先茔碑铭》《赠朝列大夫同佥太常礼仪院事骑都尉追封扶风郡伯马氏之先德碑记》《〈张斯和墓碑〉碑阴记》和《欧阳龙生神道碑》《武德碑铭》《宫礼墓志铭》《沾化尹王公墓志铭》《祭沾化尹王公碑》《文忠张公神道碑铭》《蔡天祥墓志铭》等。这些墓志文的墓主，有的是鲁王的侍臣，有的是中、高级官员，也有个别普通民众。张起岩说："臣起岩承乏文翰，纪载职也。"不论给谁写墓碑文，他都很认真，都经得住历史检验，没有谀墓陋习。兹举数例，以供参阅。比如《耿公先世墓碑》，是奉皇帝之命为中书左丞耿焕先撰写的。他将耿公的先世追溯到汉代，写出了耿氏兴衰变化的历史。先写汉代，谓耿氏有功于时始于上谷太守耿况，况子弇佐光武中兴，图像云台，其弟皆以功名自奋，蝉联圭组。"终汉之世，为大将军、将军者十三人，卿十三人，尚公主三人，列侯二十三人，关内侯三人，大司马、骑都尉、中郎将、护羌校尉、刺史二千石数十百人。"耿氏世为巨鹿大姓，到耿彦明时，迁居祁州束鹿县，遂为束鹿人。厥

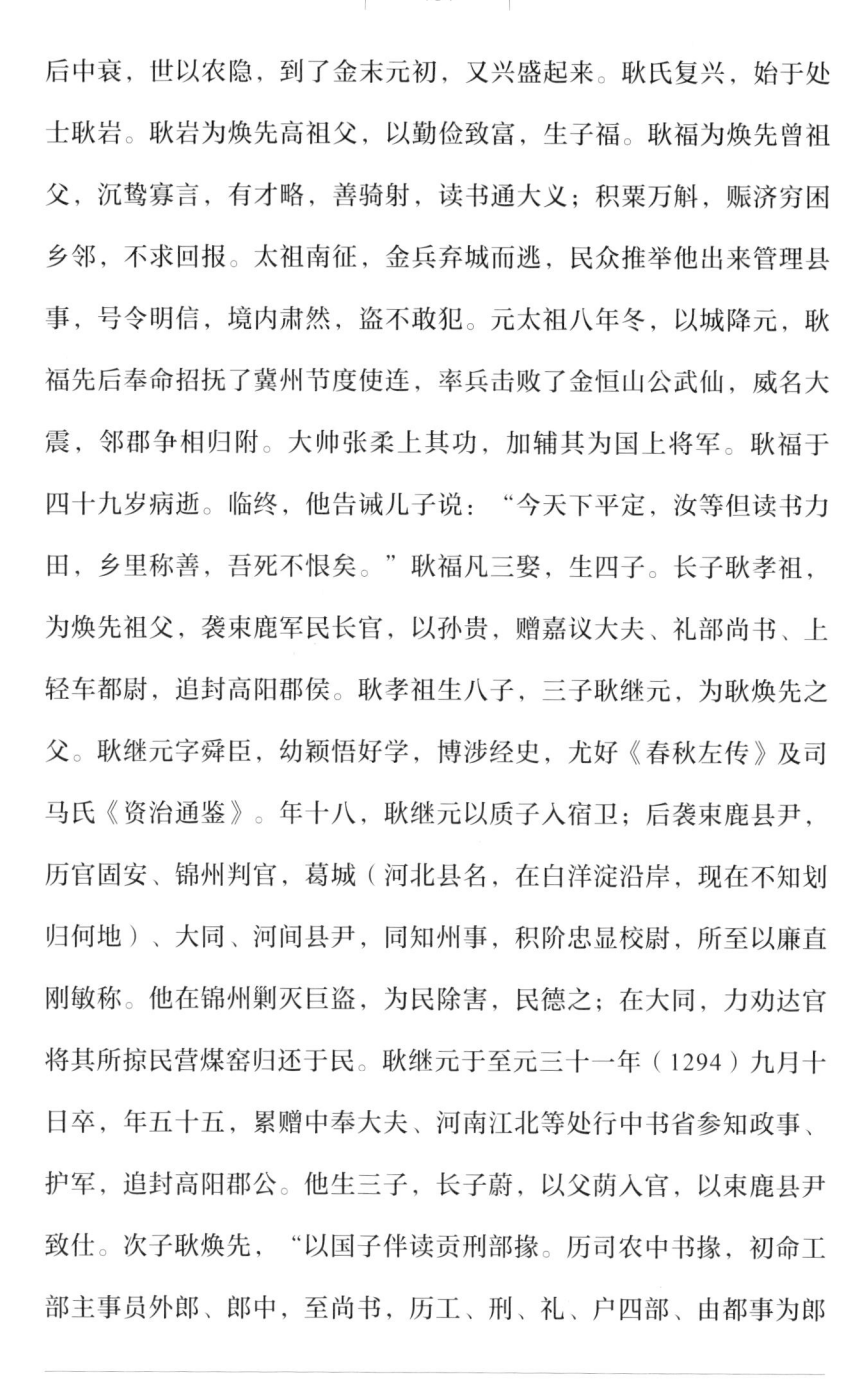

后中衰，世以农隐，到了金末元初，又兴盛起来。耿氏复兴，始于处士耿岩。耿岩为焕先高祖父，以勤俭致富，生子福。耿福为焕先曾祖父，沉鸷寡言，有才略，善骑射，读书通大义；积粟万斛，赈济穷困乡邻，不求回报。太祖南征，金兵弃城而逃，民众推举他出来管理县事，号令明信，境内肃然，盗不敢犯。元太祖八年冬，以城降元，耿福先后奉命招抚了冀州节度使连，率兵击败了金恒山公武仙，威名大震，邻郡争相归附。大帅张柔上其功，加辅其为国上将军。耿福于四十九岁病逝。临终，他告诫儿子说："今天下平定，汝等但读书力田，乡里称善，吾死不恨矣。"耿福凡三娶，生四子。长子耿孝祖，为焕先祖父，袭束鹿军民长官，以孙贵，赠嘉议大夫、礼部尚书、上轻车都尉，追封高阳郡侯。耿孝祖生八子，三子耿继元，为耿焕先之父。耿继元字舜臣，幼颖悟好学，博涉经史，尤好《春秋左传》及司马氏《资治通鉴》。年十八，耿继元以质子入宿卫；后袭束鹿县尹，历官固安、锦州判官，葛城（河北县名，在白洋淀沿岸，现在不知划归何地）、大同、河间县尹，同知州事，积阶忠显校尉，所至以廉直刚敏称。他在锦州剿灭巨盗，为民除害，民德之；在大同，力劝达官将其所掠民营煤窑归还于民。耿继元于至元三十一年（1294）九月十日卒，年五十五，累赠中奉大夫、河南江北等处行中书省参知政事、护军，追封高阳郡公。他生三子，长子蔚，以父荫入官，以束鹿县尹致仕。次子耿焕先，"以国子伴读贡刑部橡。历司农中书橡，初命工部主事员外郎、郎中，至尚书，历工、刑、礼、户四部、由都事为郎中，在中书左右二司，由金宪宪副为使，迁河东、山东、江西、浙西四道，由监察御史都事，拜治书侍御使、侍御史，六登中外台。为执政，在江西、江浙行省、中书都省累二十三迁，今为左丞"。总之，"耿氏勋伐显东汉，名在信史，休有烈光。世远而微，储厚发宏，以有元帅，三传而至左丞，遂相长子，为时良臣。元帅以读书力田遗训后人，诒谟远矣。尚书恪共承绪，参政折节力学，摧暴尚贤，襟度宏伟，宜膺大任，终老州县之职，生不受祉，萃于上嗣，高爵显名，卒享而有。君子于此，可以知德之自矣"。碑文体制宏大，结构复杂，若长江大河，众流汇聚，波澜壮阔。而《李氏先茔碑铭》则是另一番气象，若一溪清水，不枝不蔓，明净澄澈。李氏指李惟恭，济南济阳洄河镇人，"世业农，隐德弗耀"。曾祖讳德，祖讳成，祖母吴氏。"成少失其父，与吴事其母，所以为子为妇之道，靡不致其极。"母亲去世，他把家事托给夫人，自己"结庐墓侧，居三年，未尝一至其家，手植松柏千余株"。终丧，他犹不忍去，赟土筑台于墓之前，缭以周垣，然后归。李惟恭即所居立家庙，以奉神主，晨昏荐祭，出入必面，如其生时……能服勤苦，由俭朴驯致饶足。"至元癸巳（至元三十年，公元1293年），岁祲，民告饥，朝廷下令有司劝富室出粟赈乏绝，满五百石与官。乃出粟三百石以济乡里，又设粥道傍，周食道路之来往者，口不言禄。所识有贫乏，分粟币假贷无吝色。久不能偿者，以券归之。"至大三年卒，年七十五。长子讳聚，惟恭之父，年未冠，以户役从军，戍江南，多著劳绩，枢命摄百夫长，元贞二年卒于军,年四十四。惟恭两岁丧母,十六岁丧父,"自幼暨长,以至官学有成,皆赖祖训。由中书东曹掾擢户部司计,钩考程督,会括稽度,巨细必举,条陈不紊,不可干以私,时称能举其职。迁濮州鄄城尹,劝农兴学,杜塞吏弊,剔除民瘼,政平讼理。居鄄五年。治为山东郡邑最。超奉政大夫,蔚州知州"。惟恭请于朝,追封其父为承务郎章丘县尹,母为恭人。其祖"恭行孝义",其父"效忠尽瘁",事迹虽不显赫,却为做人从政之本,起岩为撰"先德碑铭",表彰孝义,确有见地。《沾化尹王公墓志铭》,写得哀婉动人,前边已经述及,这里不再重复。和这两篇"先德碑铭"不同而又特色独具的是《赠朝列大夫同佥太常礼仪院事骑都尉追封扶风郡伯马氏先德碑记》。这篇先德碑文是为马象先写作的。张起岩做监察御史时,与马象先为同官。象先母亲去世后,走葬先茔,附于先人郡伯之墓,遂请张起岩撰写了这篇先德碑文。碑文说马氏为上党壶关人,上世习吏文,代为县史。高祖讳源,精于律义。曾祖讳锐,初任元帅左监军,以劳再迁帅府经历。祖讳琬,夙以直谅著闻,由平阳府吏选掾甘肃行省。父维韩,读书慎行,不乐仕进,为乡里敬服;至大二年十月五日以疾终,累赠朝列大夫、同佥太常礼仪院事、骑都尉、追封扶风郡伯。马象先为其长子,好读书,历官成宗、武宗、仁宗、英宗、泰定帝五朝,仕至江南浙江道肃政廉访副使,召为宗正府郎中,丁内艰,不赴。为了说明马象先的母亲"平昔教之之有素","余因举象先之善以附"。张起岩接下去写道:"象先通敏而明辨,其在掾省也,等其囚之轻重,详敷

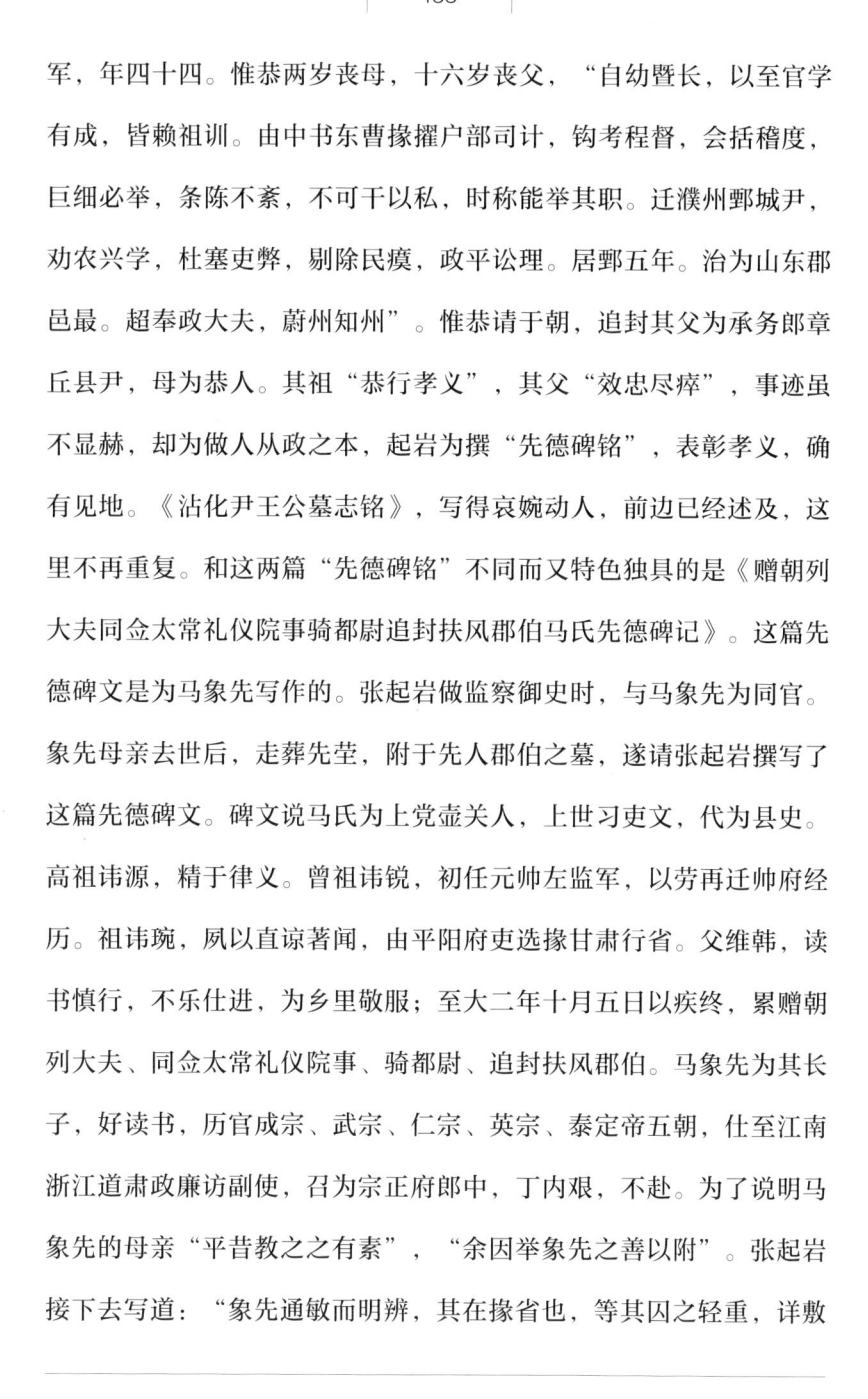

陈之，不置死者十有余人，皆得末减，诉讼之得直者不预也。在江西，除湖山无名茶课，岁为钞五千贯，弊革而事治者可知也。迨入左户部，所司集赆不啻万余缗为馈，假词拒之，至宵遁以去，所自牧者可推也。为御史，弹击权要，纠言时事，无有避忌。佥书通政时，奉旨南京，整顿驿置，翕合物情。使还，上嘉其能，赐金织币衣。在浙宪日，弹劾诘治，不畏权势，审谳详密，雪其非辜，研究诬枉，而舞文挠法者竟不以巧脱有罪，其材所施可验也。在友道，情义尤笃，死无所归，率钱买棺，营葬以殡，虽盛暑躬临其傍，其诚于它事，可信也。"此文述先德而附子德，行文有法而又不为法所拘，则其写作诗文敢于创新，不言而喻。

《济南路大都督张公行状》是篇重要的历史文献，是状济南公张荣之孙张宏的。张荣致仕后，其子邦杰、其孙张宏，相继袭其爵位。张荣，《元史》卷一百五十有传，张宏无传，只是在张荣传后附了"孙四十人，宏，袭邦杰爵，改真定路总管"这么几个字。而"行状"除简述张荣起义、降元，因功受封外，还追述了张邦杰袭爵、勤政、爱民、升迁以及婚姻状况，均为《元史·张荣传》所未及。更主要的是"行状"写了张宏幼年向学，及长，从世祖伐宋，屡立战功；中统三年，参与了平定李璮之役，以功迁大都督，至元初，例迁真定路总管府总管兼府尹，加镇国上将军。至元九年，起为怀远大将军，吕文焕守襄阳，元兵久攻不下，张宏持诏往谕，文焕遂举城降元。十三年，宋平，张宏归功诸将，以久在军旅，乞骸骨以归。至元二十四年

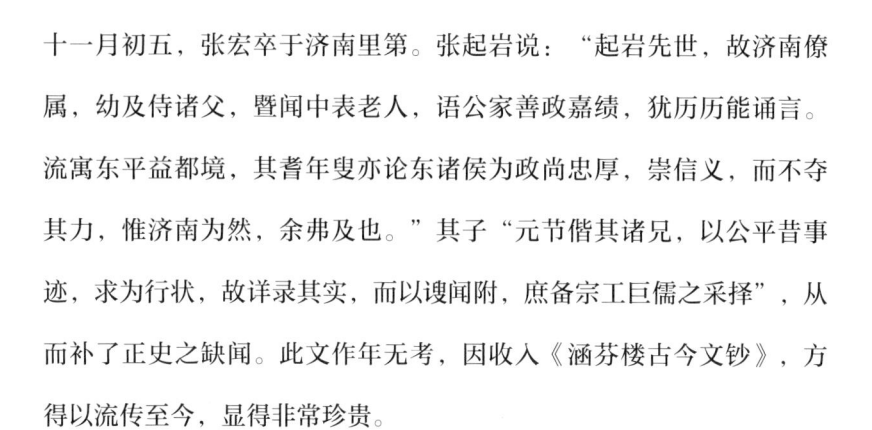

十一月初五，张宏卒于济南里第。张起岩说："起岩先世，故济南僚属，幼及侍诸父，暨闻中表老人，语公家善政嘉绩，犹历历能诵言。流寓东平益都境，其耆年叟亦论东诸侯为政尚忠厚，崇信义，而不夺其力，惟济南为然，余弗及也。"其子"元节偕其诸兄，以公平昔事迹，求为行状，故详录其实，而以溲闻附，庶备宗工巨儒之采择"，从而补了正史之缺闻。此文作年无考，因收入《涵芬楼古今文钞》，方得以流传至今，显得非常珍贵。

起岩的序跋铭赞，仅存《汉泉漫稿序》《跋欧书化度寺邕禅师塔铭揭本》和《尊经阁铭》，以及《观泉像赞》等少数几篇。

在张起岩现存的散文中，没有专门的文论。但这并不能说他没说过论文的话，只不过说的不多而已。张起岩是位儒者，他的文学观点当然出不了儒家文论的范畴。他主张文以载道，主张有德者必有言，还倡导孟子的"养气"之类，和韩愈的文论相近似，只不过没有韩愈表达得那么系统、充分而已。

比如说"文以载道"，张起岩在《崇文堂记》里就有明确的表述。他说："文所以载乎道，崇其文，匪徒为夸大也，崇其道也。"和韩愈所说："愈之所志于古者，不惟其辞之所好，好其道焉耳。"（《答李秀才书》）"读书以为学，缵言以为文，非以夸多而斗靡也，盖学所以为道，文所以为理耳。"（《送陈秀才彤序》）两人言论如出一辙。因为张起岩的话为崇文堂而发，所以他在指出"天地万物皆有文"之后又说，"至若方册所载其文，文之尤著者欤。然徒知诵其文而不求其义，徒示崇其文而不由其道",是毫无益处的。必须"日从事于斯文,而动静语默之间必由斯道,庶于崇文之义为无悖",他自始至终,坚持文以载道的原则,说明崇文必须由道的重要性。

又比如说有德者必有言。这句话是孔子在《论语·宪问》篇说的,韩愈在《至郑州北上襄阳于頔相公书》引用了这句话。他说:"孔子曰:有德者必有言,信乎其有德且有言也。"张起岩在《汉泉漫稿序》里,谓其作者曹伯启早年"擢邑文学掾,授徒习业,益自力文";出仕以后,"益以文笔自娱",及谢事归家,"仕优位崇,老而益勉于学",且认为"士之为学,将以致用"。所以张起岩认为曹伯启是位儒士,结合其读书、人品论其文说:"君端雅缜栗,谟画有方,为世推重。宜乎发为词章,敷腴条达,其于意之蕴而言之宜者,周旋曲折,壹能道之,又可见有德者之有言也。"仁者之言蔼如也,其《汉泉漫稿》必为"后人之传玩珍惜"无疑。

再比如说作者要善养浩然之气,张起岩在他的散文中不止一次说到这个问题,只不过不是正面论述而已。他在《沾化尹王公墓志铭》里说,沾化县尹王汝弼听别人说起岩"所言尚气,公靖思,文章以气为主,是或有可取,即来索观"。这里所说的"所言尚气"就是从孟子、韩愈那儿来的。《孟子·公孙丑》上说:"我知言,我善养吾浩然之气",其气至大至刚,充塞于天地之间,沛然莫之能御。韩愈结合他的文学创作进一步阐述说:"气,水也;言,浮物也。水大而物之浮者大小毕浮。气之与言犹是也,气盛则言之短长与声之高下皆宜。"(《答

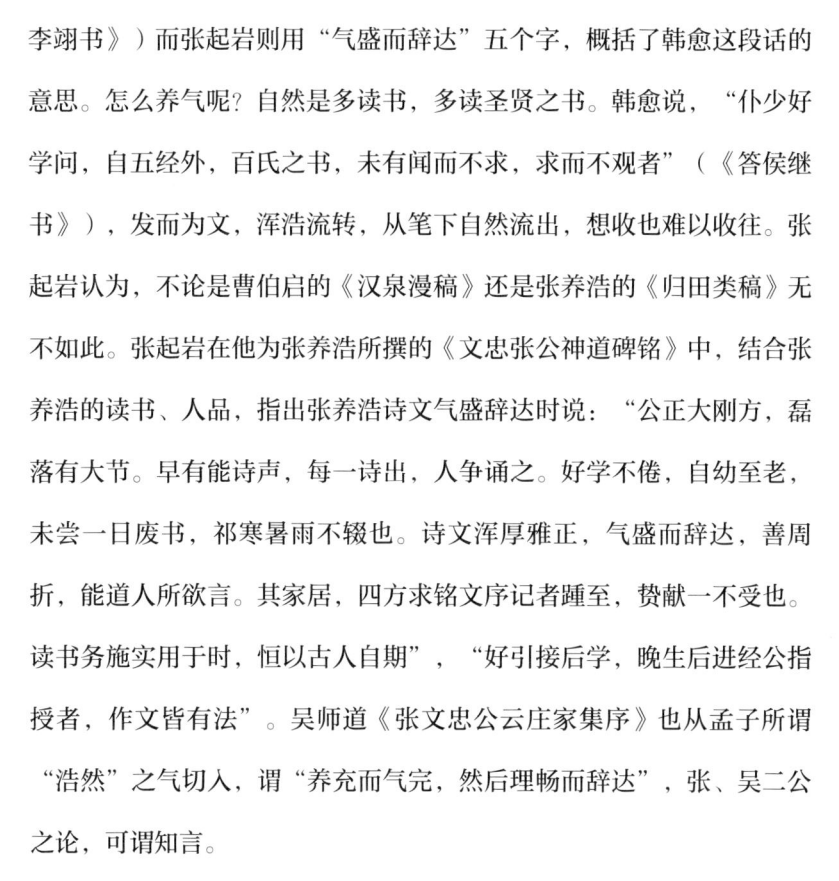

李翊书》）而张起岩则用"气盛而辞达"五个字，概括了韩愈这段话的意思。怎么养气呢？自然是多读书，多读圣贤之书。韩愈说，"仆少好学问，自五经外，百氏之书，未有闻而不求，求而不观者"（《答侯继书》），发而为文，浑浩流转，从笔下自然流出，想收也难以收往。张起岩认为，不论是曹伯启的《汉泉漫稿》还是张养浩的《归田类稿》无不如此。张起岩在他为张养浩所撰的《文忠张公神道碑铭》中，结合张养浩的读书、人品，指出张养浩诗文气盛辞达时说："公正大刚方，磊落有大节。早有能诗声，每一诗出，人争诵之。好学不倦，自幼至老，未尝一日废书，祁寒暑雨不辍也。诗文浑厚雅正，气盛而辞达，善周折，能道人所欲言。其家居，四方求铭文序记者踵至，赘献一不受也。读书务施实用于时，恒以古人自期"，"好引接后学，晚生后进经公指授者，作文皆有法"。吴师道《张文忠公云庄家集序》也从孟子所谓"浩然"之气切入，谓"养充而气完，然后理畅而辞达"，张、吴二公之论，可谓知言。

张起岩的散文，是张起岩儒家文论的体现与实践。他重理尚气，与韩愈散文的理念基本一致，颇有唐宋散文的风韵。重理，故其散文以儒家经典的是非为是非，言忠孝，讲义气，浑厚醇雅，富有理趣。尚气，谓文以气为主，养充而气完，然后理畅而辞达。他尤长于叙事，凡胸中之所蕴，人之所欲言，都能周密细致，曲折委婉，一一道出，毫无扞格滞涩之病，可谓善于为文矣。

2. 张起岩的诗歌

张起岩的诗歌,主要见于清顾嗣立《元诗选》三集的丙集,题为《华峰漫稿》,收《宣圣墓》《游金牛山》《题杨宣慰云南颂后》《送朱真一》《赠王季境》《题金台集》四首、《潍县八景》(录六),共计十五首。《全元诗》编者又辑得《奉题杂兴》《奉贺送古愚先生致仕赠行》《挽宋显夫》《白羊铺书事》《咏郑氏义门》和《送李中父征东》等六首,共计二十一首。《全元诗》谓《赠王季境》另有作者,故云张起岩存诗二十首。查《赠王季境诗后序》,知为王季境写赠别诗的都是当朝文化名人,且当时已经结集,不大可能把元末俞和误为张起岩,因此《赠王季境》主名应从《全元诗》。再者,康熙《潍县志》卷七"艺文",收了张起岩《潍县八景》八首诗,《元诗选》未收的《玉清烟晓》和《石桥漱玉》赫然在编,这又多出了两首,故其存诗数应为二十三首。

纵观张起岩现存的诗歌,题材广泛,文字清新自然,既有平易畅达深厚和雅的韵味,又有"挥毫千章水东注"的气势,上承欧苏,亦可自成一家,为识者所关注。

张起岩早年的诗歌,大体是以描写自己的生活为主,既有对功名难求的慨叹,也有寄情山水的雅趣。他的《白羊铺书事》,可视为他年轻时代生活的写照。他写道:"迢迢长日路途间,两字功名抵死难。岂

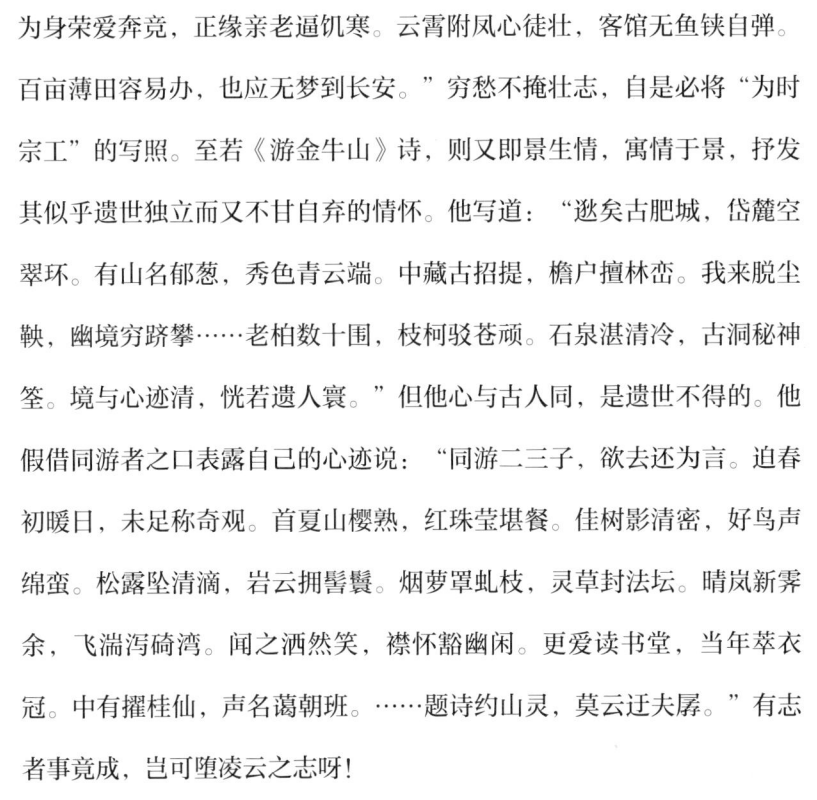

为身荣爱奔竞，正缘亲老逼饥寒。云霄附凤心徒壮，客馆无鱼铗自弹。百亩薄田容易办，也应无梦到长安。"穷愁不掩壮志，自是必将"为时宗工"的写照。至若《游金牛山》诗，则又即景生情，寓情于景，抒发其似乎遗世独立而又不甘自弃的情怀。他写道："邈矣古肥城，岱麓空翠环。有山名郁葱，秀色青云端。中藏古招提，檐户擅林峦。我来脱尘鞅，幽境穷跻攀……老柏数十围，枝柯驳苍顽。石泉湛清冷，古洞秘神筌。境与心迹清，恍若遗人寰。"但他心与古人同，是遗世不得的。他假借同游者之口表露自己的心迹说："同游二三子，欲去还为言。迫春初暖日，未足称奇观。首夏山樱熟，红珠莹堪餐。佳树影清密，好鸟声绵蛮。松露坠清滴，岩云拥髻鬟。烟萝罩虬枝，灵草封法坛。晴岚新霁余，飞湍泻碕湾。闻之洒然笑，襟怀豁幽闲。更爱读书堂，当年萃衣冠。中有擢桂仙，声名蔼朝班。……题诗约山灵，莫云迁夫孱。"有志者事竟成，岂可堕凌云之志呀！

中年以后，张起岩诗歌的境界更加开阔，思想更加深沉，诗风更加成熟。他的《送李中义征东》，敦请中义切莫耀武扬威，而要恩威并施，以德教化远人："恩威普洽分封国，德泽均沾异姓王。坐见远人怀圣化，要令声教彻扶桑。"他送古愚先生致仕，赞其功成身退，想得开，放得下，安享晚年天伦之乐："名遂自知身必退，齿刚还羡舌长存。高人心逸无他事，远碧楼头弄幼孙。"他称赞杨宣慰文武全才："挥戈如笔笔如刀，帅阃文场有此豪。绝域建功追定远，明时献颂效王褒。"（《题杨宣慰云南颂后》）他哀挽友人英年早逝："平生文藻吐

张起岩

云烟，一夕惊魂便黯然"，"二宋声名擅当日，士林应有后人传"，声情并茂，不可不谓之好诗。

人间重晚晴，诗人尤其如此。张起岩晚年致仕将归济南，《题金台集》四首，奉别易之（即迺贤）良友。其诗如下：

崇天门下听胪传，
台阁联翩四十年。
今日悬车归故里，
杖藜携酒落花前。

玉带难围老病身，
庙堂补报乏涓尘。
衰年作别情怀恶，
秉烛题诗赠故人。

爱君谈辩似悬河，
更喜交情古意多。
长使马周贫作客，
令人千古愧常何！

百尺高楼易水东，
千金曾此觳英雄。
君来却在承平日，

先策诗坛第一功。

《金台集》，元迺贤撰，二卷，收诗二百余首，多应酬之作。迺贤（1309—？），元葛逻禄氏，字易之，汉姓马。其先祖随蒙古军入居中原，为南阳（今属河南省）人。其兄塔海官游江浙，因之遂居鄞县（今浙江省宁波市鄞州区）。迺贤能诗文，曾游大都；归浙东，辟为东湖书院山长，授翰林编修官。至正间，他出参军事，卒于军中。元顺帝至正八年（1348），起岩编修完《后妃功臣列传》后辞官归里，行前，作《题金台集》四首。诗后附记说："予既致政将归济南，赋诗四章，题《金台集》后，奉别易之良友，抑亦书予自愧云尔。至正戊子三月望日，华峰真逸张起岩书。"诗的前两首写自己辞官归里及其原因，自愧报效明时太少，有功成身退、荣归故里之感；后两首称赞迺贤善为诗，重友情，古风犹存，写足惜别之意，可见张起岩对迺贤友谊之深。诗句清新自然，警拔动人。

需要附带说明的是：张起岩还擅长书法。《元史·张起岩传》说他"博学有文，善篆、隶"。明·陶宗仪《书史会要》把他列为元代书法家，该书卷七说："张起岩字梦臣，河南（当为济南之误）人。状元及第，官至翰林学士承旨，中书平章政事。意气雄杰，其书见于篆法处，皆有胜韵。"张起岩的书法有家学渊源，他的祖父、父亲皆善书法。《御定佩文斋书画谱》里的《书家传》十六，把张铎（即张铸山）、张范和张起岩祖孙三代都列为书法家，对张起岩来说，可谓锦上添花了。

第十一章

补话张起岩与"四文公祠"

张起岩

清康熙三十年钟运泰修《章丘县志》卷七"祠宇考""四文公祠"说,"四文公祠""祀唐文昭公房玄龄、元文简公刘敏中、文忠公张养浩、文穆公张起岩"。在章丘历史上,文化名人并不少见,而把几位历史文化名人合祠供奉却前所未有,而四大文化名人中元代独占三席,也可以说是历史奇迹。

房玄龄为唐代名臣,尚未发现张起岩对他有所评说,故可存而不论,而刘敏中、张养浩和张起岩是元代济南地区三代历史文化名人,他们各有千秋,也有这样或那样的联系。因此这里主要说说张起岩与刘敏中、张起岩与张养浩以及张起岩与章丘的关系。

1. 张起岩与刘敏中

刘敏中(1243—1318),字端甫,自号中庵,谥文简,元代济南章丘人。历世祖、成宗、武宗和仁宗四朝。立朝有大节,敢斗权相,善言时政,仕至翰林学士承旨,政成,归老家乡,《元史》有传。刘敏中很爱才,张养浩赴礼部椽,他赋诗为其送行;张养浩写《江湖长短句》,刘敏中为其作序,谓其乐府为"名章巨笔""其永于传盖无疑"。张起岩成名时,刘敏中已垂垂老矣,行将离开朝堂,所以和张起岩交往不多。这大概和张起岩文集散失有关,有些资料不见了,但在刘敏中文集中,还可以寻找到一点蛛丝马迹。刘敏中在《赠奉议大夫骁骑尉聊城县子陈公神道碑铭》里提到张起岩的名字。他说聊城陈用晦于其父去世十年后，通过刘敏中的女婿请刘敏中撰写墓志铭，所呈"善状"就是"集贤修撰状元张起岩"等写作的。刘敏中称张起岩为状元，可见他对这位同乡晚辈的尊重。当然，张起岩对刘敏中这位大名鼎鼎的乡先贤则更加尊敬。他在《武德碑铭》里说，山东宣慰司副使武亚中亲自到华峰里居对他说："我先考妣，虽逮禄养封爵，其碑之墓道者，承旨中庵刘先生实铭之。"今朝廷创新封赠之制，躬逢渥命，加秩三品官，视古方伯，祖父、父亲分别追封太原郡伯、太原郡侯，欲文诸石，以彰显宠光，恳请起岩为撰《武德碑铭》。张起岩说，承旨中庵刘先生已为其写过，"走以晚生，不敢籓先正齐国文简刘公之文列为辞"。张起岩不仅自称"晚生"，而且声明自己的文章不能和刘敏中的文章并列在一起。张起岩如此谦恭，他对刘敏中何等敬爱便可想而知了。

张起岩对刘敏中的尊崇，在他撰写的《刘文简公祠堂记》里表达得更充分、更有意义。

刘敏中逝世后的第四年，章丘县尹冀君仁祠刘敏中于乡贤堂，请张起岩作记。起岩遂作《刘文简公祠堂记》，对刘敏中做出了历史性的评价，《元史·刘敏中传》也未必超过它。"祠堂记"立论甚高，先说古人只有"德泽行业洽于人心，英声茂著垂于后世，使人愈久而愈不忘，益远而益以慕"的人才能祭于社祀于学；次言刘敏中"学明德尊，施于政事，皆为可法。至于忠言直气，耸动一时，高风大节，凛不可攀，求之本朝名臣□□第一，岂止文章字画妙天下"，像而祀之，当然是合理的、应该的。接下去，概述刘敏中的政绩与人品。张起岩指出：在世祖朝，刘敏中步入仕途，历官丞相掾、兵部刑部主事，拜监察御史，权相桑哥乱政，公条陈其恶劾之，不报，遂弃官归里；召为行御史台都事，燕南廉访副使，皆不赴。所谓"道行则从而留，道不行则从而去"（张养浩《庙堂忠告》），刘敏中确有诤臣骨气，后又召为国子司业、翰林直学士、国子祭酒。他任国子祭酒时，以身率励，从严治教，诸生翕然化服。在成宗朝，刘敏中宣抚山北、辽东，裁冗滥，罢兴作，抑豪强，励风教，纠奸绳贪，所至肃然。绵州水灾，公发储粮赈之，灾民德之，为立生祠祀之；太宁地震，公上疏陈九事，直言时弊无所隐。使还论绩为诸道最，授东平路总管，改陕西行台侍御史，征为集贤学士、商议中书省事，他又上书陈十一事，并反对另立尚书省。在武宗朝，刘敏中反对权臣拉拢成宗皇后擅权的阴谋，拥护武宗称帝。他拜江南行省参政、集贤学士兼太子右赞善、山东东西道宣慰使。史臣奏请纂修《实录》，特命其为翰林学士承旨、荣禄大夫，知制诰兼修国史。上疏陈弭灾致祥切于时政者凡七事，章疏上，诏皆颁行。以疾辞归。在仁宗朝，致仕家

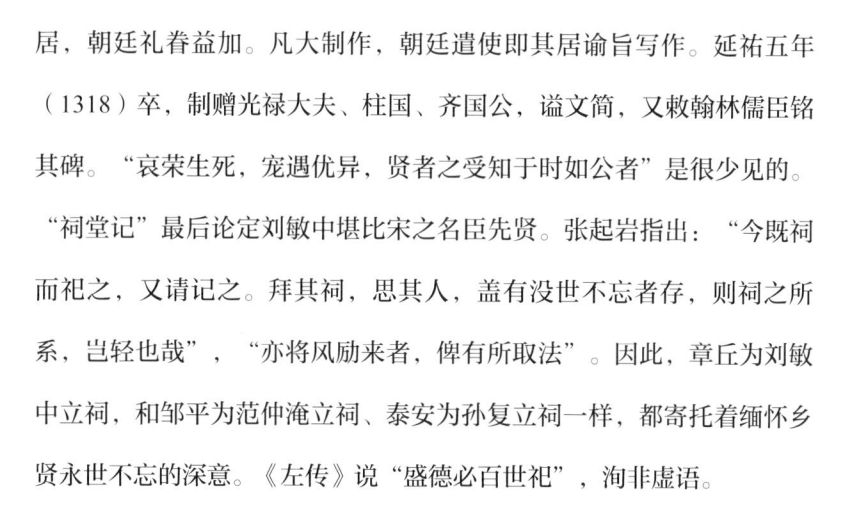

居,朝廷礼眷益加。凡大制作,朝廷遣使即其居谕旨写作。延祐五年(1318)卒,制赠光禄大夫、柱国、齐国公,谥文简,又敕翰林儒臣铭其碑。"哀荣生死,宠遇优异,贤者之受知于时如公者"是很少见的。"祠堂记"最后论定刘敏中堪比宋之名臣先贤。张起岩指出:"今既祠而祀之,又请记之。拜其祠,思其人,盖有没世不忘者存,则祠之所系,岂轻也哉","亦将风励来者,俾有所取法"。因此,章丘为刘敏中立祠,和邹平为范仲淹立祠、泰安为孙复立祠一样,都寄托着缅怀乡贤永世不忘的深意。《左传》说"盛德必百世祀",洵非虚语。

张起岩的"祠堂记"纵论刘敏中一生的辉煌政绩,洋洋洒洒,对其妙天下的文章字画却惜墨如金,只捎带着提了一句。其实,刘敏中的文章也可成家。《元史·刘敏中传》说他"为文辞,理备辞明,有《中庵集》二十五卷"。《四库总目提要》也说"其诗文率平正通达,无钩章棘句之习,在元人中亦元明善、马祖常之亚……近乎古人之作,固不诬也"。这也说明张起岩说他"文章字画妙天下",不是虚誉。

2. 张起岩与张养浩

张养浩(1270—1329)字希孟,晚号云庄老人,元代名臣。张起岩和他的关系更加密切。他二位都是历城人,一居云庄,一居华不注里,离华不注山都不远,平日交往也比较多。更重要的是张养浩还是张起岩的座师,有师生之谊。许有壬在《张文忠公年谱序》里说,张养浩

张起岩

逝世后，"南台中丞张起岩铭其碑，翰林学士欧阳玄序其文，江浙儒学提举黄溍纪其祠，三君洎有壬，皆延祐乙卯公主文所取进士也"（《至正集》卷三十四）。张起岩在其所撰张养浩神道碑里也说："臣起岩伏惟生与文忠同里闬，为乡后学。应进士举，文忠为侍郎，实考会试，为门生。"张起岩以"乡后学"和"门生"自称，可见其与张养浩关系密切，对张养浩非常尊敬。张起岩还两次与张养浩共制一碑，一次在张养浩生前，一次在他死后。元英宗至治年间，张养浩归卧云庄，张起岩在济南华不注里居为其母守丧，应济南路道门提点邵道康的请求，为撰《迎祥宫碑》，落款是"翰林待制奉议大夫兼国史院编修官张起岩撰并书，嘉议大夫礼部尚书张养浩篆额"，可见他们二人合作之融洽。泰定帝致和元年即天历元年（1328）春天，江浙行省参知政事张友谅写信给张养浩说，他们两家在章丘的祖坟相去不远，他们的祖、父辈生同宗，幼同学，关系又好，而吾与子同年同仕，今呈上张临所撰事状及翰墨，请张养浩为其父撰写墓碑。张养浩为他写了《张斯和墓碑》。天历二年七月，张养浩去世，张友谅改官江南行台侍御史、内台侍御史，晋升参知政事、中书左丞，因前碑未立，遂致书张起岩说，张养浩所书事典"词洁而雄，传世信后

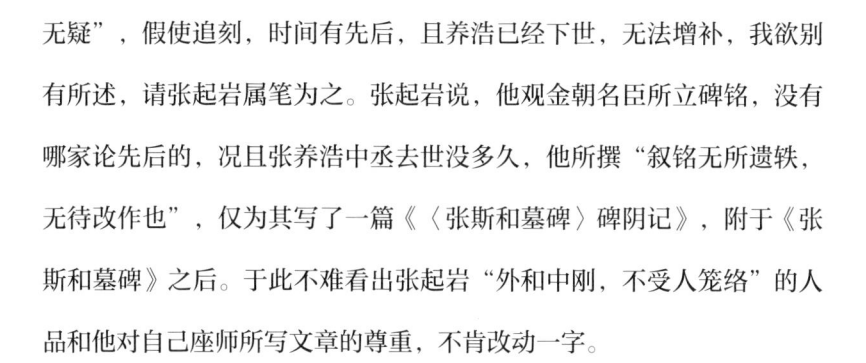

无疑",假使追刻,时间有先后,且养浩已经下世,无法增补,我欲别有所述,请张起岩属笔为之。张起岩说,他观金朝名臣所立碑铭,没有哪家论先后的,况且张养浩中丞去世没多久,他所撰"叙铭无所遗轶,无待改作也",仅为其写了一篇《〈张斯和墓碑〉碑阴记》,附于《张斯和墓碑》之后。于此不难看出张起岩"外和中刚,不受人笼络"的人品和他对自己座师所写文章的尊重,不肯改动一字。

张起岩对张养浩的尊崇,在其所撰《大元敕赐故西台御史中丞赠摅诚宣惠功臣荣禄大夫陕西等处行中书省平章政事柱国追封滨国公谥文忠张公神道碑铭》(以下简称《文忠张公神道碑铭》),表露得更加淋漓尽致。《文忠张公神道碑铭》是元文宗至顺三年(1332)三月二十三日奉文宗皇帝的诏书撰写的。碑志按历史顺序,记述了张养浩幼年的积学而善文,年及弱冠,赴京求仕,先后出任礼部掾、御史台掾和中书省掾,被不忽木誉为"真台掾",与元明善、曹元用同时号为"三俊"。元成宗大德九年(1305),张养浩出任堂邑县尹,开始了他的为官生涯。在堂邑三年,他扶善良,树正气,抑豪强,毁淫祠,严惩杀人凶犯,给小偷小摸的犯人以改过自新的机会,改革征税制度,方便民众交纳,使民众免于"奔走失业,家且破矣"的困苦。民众感激他,去官十年犹为其立碑颂德。元武宗朝,张养浩召为太子司经,未至,改太子文学,拜监察御史。他上《时政书》,痛陈朝廷十大弊政,又反对议立尚书省,为权相所不容,奏改翰林待制,复构以罪罢之。恐及祸,他乃变姓名逃去;不久,仁宗即位,才被召回。仁宗朝,是张养浩仕宦的辉煌时期。他先后出任右司都事,擢翰林直学士;奏代秘书少监,转礼部侍郎,升礼部尚书,和元明善等人主持了延祐二年和延祐五年两次科举考试,得人为元代科举之最,张起岩就是延祐二年考中状元的。元英宗朝,他晋升为参议中书省事,因上《谏灯山疏》,名震朝野,且受到皇帝奖赏。张养浩自感"抗俗支尘力不任",乃以父老为名辞官归里,坚卧云庄近十年之久,七聘不起,成为士林一大盛事。元文宗天历二年(1329),陕西遭受连年旱灾,人相食,他被任命为陕西行台御史中丞,赴陕赈灾。他招徕流散,收养弃儿,掩埋死者尸骨,祷雨华山,赈济饿殍。他抑豪强,定钞值,防吏弊,设粥栅,施医药,广开粮源,请朝廷下输米授爵之令,以自己的财物弥补救灾费用之不足,"凡所以为其民计者,无所不用其至",所活垂死无计其数,而自己则积劳成疾,于天历二年(1329)七月二十七日,以身殉职,年仅六十岁。关中之民,哀之如丧父母。同年八月,其子张引扶柩归里,九月二日,葬于祖茔之次,史称张公坟。该碑志写得极其翔实,《元史·张养浩传》恐难企及。

《文忠张公神道碑铭》,不仅把张养浩的经历、人品记述得清清楚楚,传世信后无疑,而且有些记述可补正史之不足。兹举数例,以飨读者。

比如西安各界送别张养浩遗体的沉痛场景。神道碑写道:"奉元士民感公之德,里巷聚哭,绘素以祭。导送归柩,络绎相属于途。群有司大夫,执绋郊送,靡不挥涕痛悼。文而知公者为祭文挽诗,台察仪曹为之请谥，章疏交上。"张养浩生前威望多高，多么受西安士民的爱戴，可想而知。

又比如写张养浩的读书与写作。神道碑写道："公正大刚方，磊落有大节。早有能诗声，每一诗出，人传诵之。好学不倦，自幼至老，未尝一日废书，祁寒暑雨不辍也。诗文浑厚雅正，气盛而辞达，善周折，能道人所欲言。其家居，四方求铭文序记者踵至，赘献一不受也。读书务施实用于时，恒以古人自期，深居简出，不屑细务……好接引后学，称其善如已出；晚生后进经公指授者，作文皆有法。"细节反映真实，张养浩之所以能成为历史文化名人，不难于此窥知其渊源所自。

再比如写张养归卧云庄的遂闲生活。神道碑写道："即茔所别墅构遂闲堂，名所居曰云庄。所居境亦清旷，溪山映带，林木荫翳。北华不注山、鹊山，若对立拱揖。即前阜为亭曰绰然，面南山，俯清流，凿池其中名云锦，杂植荷芰、菰蒲、奇石、竹树、垂柳，为湾碕钓台。亭之左为处士庵，后雪香园。公尝衣长衫，幅巾檐帽，曳杖行吟，逍遥自得。舞鹤驯鹿，导从后先，人望之如神仙。客至，觞咏终日。或清谈亹亹忘倦，安于隐逸若将终身者，不知前日之显达也。"好一幅溪山高隐图！没有对张养浩精神世界和归隐生活的深刻全面的体察，绝不会描述得如此简洁和真切。于此可见，《文忠张公神道碑铭》不仅仅是一篇重要的历史文献，同时也是一篇感人至深的优美散文。

3. 张起岩与章丘

关于张起岩的籍贯，现在网上争抢得热闹非凡。济南说他是历城县人；禹城说他是禹城人；肥城县说他是肥城人，因为那儿有他的故居和读书台；章丘当仁不让，说他是章丘人，因为那里有他的坟墓（今已不存）。笔者认为张起岩应是历城人，祖籍章丘，因为此在《元史·张起岩传》中写得清清楚楚。本传说："张起岩字梦臣。其先章丘人，五季避地禹城。高祖迪，以元帅右监军权济南府事，徙家济南。"欧阳玄为其父张范所撰张公先世碑也是这么说的，这儿不再征引。

其实，在张起岩现存的作品中，也往往说他是历城或济南人。张起岩在《文忠张公神道碑铭》里说，他与张养浩"同里闬，为乡后学"，

华山

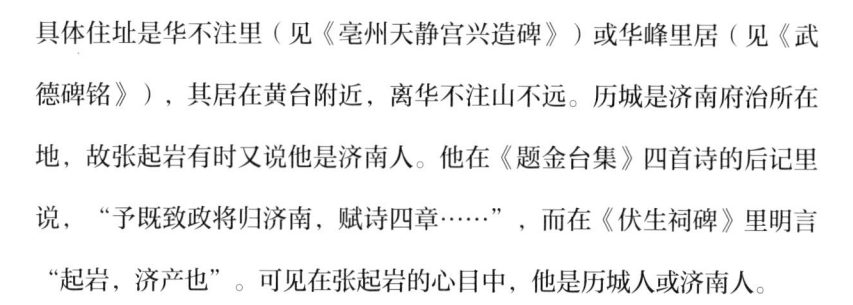

具体住址是华不注里（见《亳州天静宫兴造碑》）或华峰里居（见《武德碑铭》），其居在黄台附近，离华不注山不远。历城是济南府治所在地，故张起岩有时又说他是济南人。他在《题金台集》四首诗的后记里说，"予既致政将归济南，赋诗四章……"，而在《伏生祠碑》里明言"起岩，济产也"。可见在张起岩的心目中，他是历城人或济南人。

然而，当时有的朋友也说他是章丘人。据《武德碑铭》说："武氏世居益都高苑，迁章丘，逮亚中三世。"亚中，指武亚中，山东宣慰司副使，致仕后，欲为其父母立碑，请张起岩撰写碑文说："子与吾同里闬，同有列于朝，敢再拜属笔于子。"这里说的"同里闬"，大约和张起岩祖籍章丘有关吧！张起岩虽然没说过他是章丘人，但他对章丘感情很深，为章丘写的文章最多，也可以说是乡梓情深。张起岩中状元以前，曾从山东地区文化名人张临学习，张临是邹平人，其地与章丘接壤。章丘山明水秀，如诗如画，有足观者，他能不到访嘛！为官以后，他曾亲临章丘，造访柏轩，和隐居于此的宋庆馀晤谈，为其撰写《柏轩记》。除此之外，张起岩还写了《刘文简公祠堂记》《创建鼓楼记》《〈张斯和墓碑〉碑阴记》和《武德碑铭》等。除章丘外，还有哪个县有此荣幸！古人说，落叶归根，张起岩逝世后，葬于章丘相公庄东南，也许是他"一意乎报本返始"、不忘故土吧！从这个意义上说，我们把他看作章丘人，也未必不可以吧！

章丘对张起岩情深似海，一直把他视为本县的光荣，为其立状元坊，葬于土，祀于祠，和其他乡先贤并祀。和刘文简公、张文忠公相

张起岩

比,张起岩他自认为是"乡后学";就爵秩而言,他和刘敏中都是荣禄大夫、翰林学士承旨,难分伯仲。张起岩官高爵显,又是辽金宋三史主要总裁官之一,其历史功绩当不在刘敏中、张养浩之下,更何况他当时已名闻四裔。《元史》本传谓其"面如紫琼,美髯方颐,而眉目清扬可观,望而知为雅量君子。及其临政决议,意所背乡,屹若泰山,不可回夺。或时面折人,面颈发赤,不少恕,庙堂惮之。识者谓其外和中刚,不受人笼络,如欧阳修,名闻四裔。安南修贡,其陪臣致其世子之辞,必候起岩起居"。张起岩的历史贡献如此之大,名望如此之高,章丘县把他祀于"四文公祠"中,应当说是有历史远见的明智之举。

"师表儒林盛,贤劳王事敦",释大䜣在《次韵张梦臣侍御游蒋山五十韵》诗中高度评价张起岩在政事、文学诸方面都有出色表现。而胡助《张梦臣真赞》则对其评价更高。他说:"光岳气全,金玉辉润。大魁天下,开先文运。伟人物之山立,羽仪乎天朝;即之温而德厚,使人之意也消。若夫为时宗工,士论无异,文衡既执,经筵亦侍。置擢玉堂,则代言润色,鼓动风雷,旌潜诛回,海立山嵬。擢之台宪,则威严不迫,奸邪褫魄,冰洁霜飞,乾坤清夷。委之廊庙,则断断乎操宰相之方,拳拳乎用人才之良。至于垂绅正笏,不动声容,安九鼎盘石之势,收千载真儒之功。是安得不使海内之士倚之若中流之砥柱,而障百川之东也耶!"(胡助《纯白斋类稿》卷十九)此赞大体公允,就用它作为本文的结束语吧!

附录

一、欧阳玄：《元封秘书少监累赠中奉大夫河南江北等处行省参知政事护军追封齐郡公张公先世碑》

  皇元敕有中原，树建侯伯，经营四方，济南张氏得国于齐，在东诸侯中修臣职甚谨。权府历城张公受命我元，为齐陪臣，父子相承，屡摄齐政，内治新政，外御强邻，弥缝周旋，使齐事我元甚忠，故张公有功齐人甚大。世祖罢侯，历城子孙仕于天朝。仁宗继述祖训，开科取士，延祐甲寅，有臣起岩首贡于齐。明年乙卯，大廷策士，擢第一人。实历城张公曾孙，多士伟之。父中秘书齐公范，硕德高年，生受显爵。及其即世，子仕日崇，赠典日厚。今皇上缵绪，起岩列官中书，参崇国议，寻进二品。父范，赠河南江北等处行中书省参知政事，追封齐郡公。推及大父，赠封有差。至元二年三月十日，上御厚载门，奎章大学士臣沙腊班从言于上曰："侍讲学士起岩服劳累朝，恩赉先世，将为碑铭垂诸久远，其敕翰林直学士臣玄制文，奎章阁学士巙巙书丹，奎章阁承制学士师简篆其碑首以赐。"上允其言，于是臣玄承诏讨论。

  张氏本章丘人，远祖逸避兵难，赘禹城吴氏家。生三子：曰某，季曰寅，娶高。寅二子：长曰敬宗，娶燕。三子：长曰道，娶李。一子，曰迪，字吉甫，是为怀远公，实权府府君之父，中秘书齐公之曾大父也。姿貌伟杰，膂力绝伦，臂擩石狮子起行，戏与里中少年角，无敢

张起岩

婴者，狂暴无赖遇，辄以力伏而拱之。善骑射，能兼控二强弩，绾弦着指，连彀俱满。躯干才力中募版本军三翼都总领。金人南迁，寓迹农业。齐国张忠襄公行尚书省济南，招致帐下，用战功迁济南兵马钤辖。城中更兵燹，公私廨舍尽燉。忠襄命权府事，公缮郭郛，建府治，画闾里，招流亡，骎复旧观。时有邻寇，昼旂夕柝，斥堠明肃，众赖无恐。行省自水砦还治，拜怀远大将军、元帅、右监军、济南府推官，佩黄金虎符，仍提领历城县事。忠襄南征，荐命留后。公莅政廉平，号称良吏。兵后民稀，城内外多闲田，召民占射，垦为永业，己独无取。事平，从民买田城北浃河。生平治产，不求丰腴，才足即已。尝曰："吾禄足以给衣食，居足以避风雨，安用怙势殖私，以为子孙累，为吾志玷耶？"娶李，追封齐郡夫人。一子福，字显祖，是为权府君。

府君雄健，有父风，尤孝敬好学，读《春秋左氏传》《贞观政要》，能背诵。年十九，尝重午日与诸将驰射柳阅武堂下，一发命中，身手骁捷。忠襄赏补列校。岁庚寅，从朝和林，预议伐金，从取邳围沛，食尽，其将率敢死士夜斫营，谋突围出。府君力战却之，退击，刳其垒而还，诘朝沛陷。给白金符，为中书奏差。从攻宋蕲、黄有功。县官增诸路兵，济南调二千三百人，齐人绎骚，奉省命谒于上曰："兵兴民疲，役无虚岁。今又增兵，物情易骇，盍寝其命，以安危疑。"敷对详恳，上大悦，从之，准旧制丁二十人调一，余罢不行。得旨驲还，所过宣上德，欢声如雷。擢济南军民镇抚都弹压。行中书省牙鲁瓦赤建议，常征外增银六两，视丝绵中分折输。嗣侯宣惠公将遣使入奏，而难

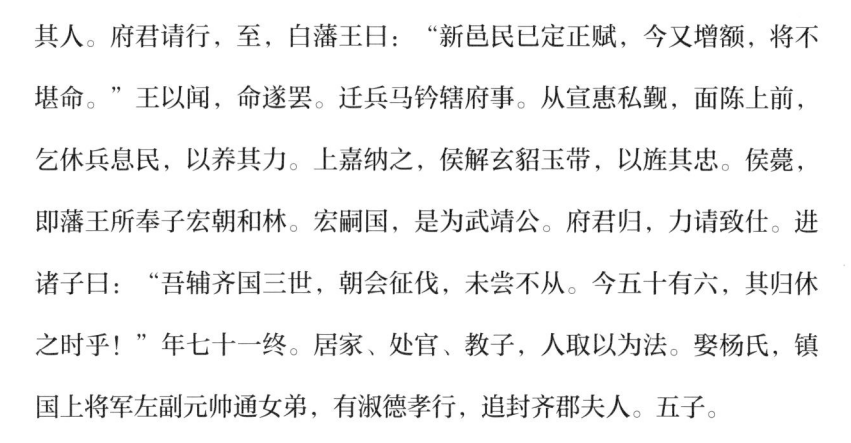

其人。府君请行，至，白藩王曰："新邑民已定正赋，今又增额，将不堪命。"王以闻，命遂罢。迁兵马钤辖府事。从宣惠私觐，面陈上前，乞休兵息民，以养其力。上嘉纳之，侯解玄貂玉带，以旌其忠。侯薨，即藩王所奉子宏朝和林。宏嗣国，是为武靖公。府君归，力请致仕。进诸子曰："吾辅齐国三世，朝会征伐，未尝不从。今五十有六，其归休之时乎！"年七十一终。居家、处官、教子，人取以为法。娶杨氏，镇国上将军左副元帅通女弟，有淑德孝行，追封齐郡夫人。五子。

中子铸山，字宣卿，一字仲宣，号"黄台野客"，是为天官齐侯。英迈豪爽，幼负奇节，读书通大义，交友重然诺。布衣以大任自期，古人自勖。出《中庸》《大学》授诸子曰："尔曹熟此，宰相可能也。"袭官尝宰历城，让其丞段而已。丞之禄入，均惠族馑，稍赢，与宾客击鲜为高会。每倾己赈人，已匮不悔，人负不尤。至元官制行，迁官台监场管勾，辞不赴。改博州录事判官，转升东昌，仍其任。居官介然，官满赴调，常鬻产治装。逆旅虽至乏绝，人或周之，非义不取。能工书，得黄豫章、米襄阳笔法。至元癸未十月十八日，卒蓟南城，年四十九。以孙贵，初赠中顺大夫礼部侍郎上骑都尉，追封齐郡侯。娶安氏，山东行省左右司郎中圭之女，累封齐郡夫人。二子：长范；次高，早卒。三女：长适翟氏，夫亡贞节；次适宋某，次适侯瓒。

范字议甫，号孟斋，是为中秘书。早颖悟，长博学强记。先侯守官清约，家无宿储，公深自贬损，赢以为养，及厝葬如礼。尝寓平原德平镇，因古堤架屋，为童蒙师，或逾旬时不出，门人号"不下堤先生"。

性不事华靡，笃学信道，尊闻行知，善善不倦，恶恶不避，学者拟诸古人。历仕维州学正、宁海左翊侍卫教授，除四川等处副提举。子贵，封集贤待制奉议大夫骁骑尉历城县子，加封朝列大夫秘书少监骁骑都尉齐郡伯。天历戊辰正月二十七日，就养京师，卒年七十有七。赠翰林直学士亚中大夫轻车都尉，追封齐郡侯。加赠中奉大夫河南江西等处行中书省参知政事护军，追封齐郡公。公善吟咏，富著述，有《蓬牕稿》《益斋》《旅斋》二集，能大小篆、隶、行、楷皆遒劲有体。娶丘氏，先卒；再娶薛，并封齐郡夫人。二子。

长起岩，薛氏所出。初授集贤修撰，迁国子博士、监丞、司业，历翰林待制、监察御史、中书右司员外郎郎中兼经筵官，转太子左赞善、燕王司马，拜礼部尚书，参议中书省事，升翰林侍讲学士，中奉大夫知制诰、同修国史，寻以本官知经筵事，出为江南浙西道肃政廉访使，未行，奏留侍讲，进知经筵。俄除陕西诸道行御史台侍御史。娶某氏，封齐郡夫人。次如古，国子伴读，大司农掾。娶某氏。孙男二：顺孙、坚孙。女一。初，玄登第出起岩榜下，同朝十年，入翰林为僚友。齐公之墓，玄为之志。先玄父渤海侯蒙恩赐碑，上敕起岩，故玄闻命，不敢以固陋辞。

惟张姓之始，轩辕子青阳之子挥观乾文，制弓矢，因得姓。济南忠襄，爰聚历城，姓同一初，始奋以武，终显以文。君臣相须，藩屏王室，后先封齐，岂偶然者！怀远公贲育之勇，至于治国，仁如郑侨，廉如晏婴，抚民乳雏，如疗饥渴。权府君生而忠孝，资备文武，尽瘁所

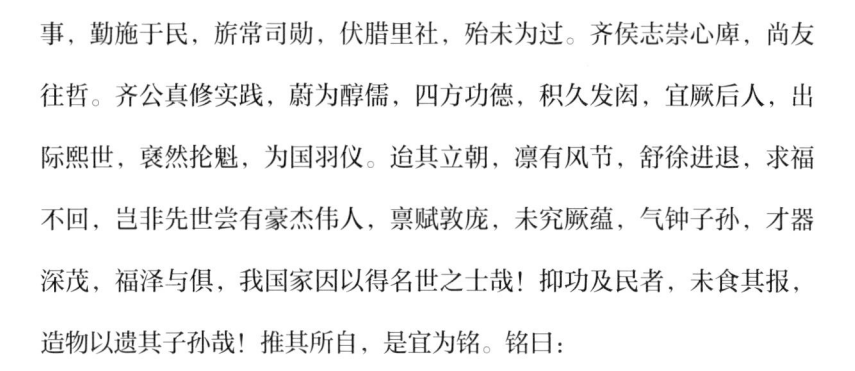

事，勤施于民，旂常司勋，伏腊里社，殆未为过。齐侯志崇心庳，尚友往哲。齐公真修实践，蔚为醇儒，四方功德，积久发闳，宜厥后人，出际熙世，褒然抡魁，为国羽仪。迨其立朝，凛有风节，舒徐进退，求福不回，岂非先世尝有豪杰伟人，禀赋敦庞，未究厥蕴，气钟子孙，才器深茂，福泽与俱，我国家因以得名世之士哉！抑功及民者，未食其报，造物以遗其子孙哉！推其所自，是宜为铭。铭曰：

  自古有国，文武迭张。显允历城，齐姓之将。代有鼎士，奋于齐疆。经纬文武，与世相当。国初戡定，历城父子，有力如虎。世为齐卿，摄治其府。区宅畷田，民奠环堵。既辑其民，又御其侮。夫优维何？民讫可休。有增乘赋，是克是掊。夕驰我马，朝告厥猷。天子曰嘻，予嘉汝谋。为是暴敛，我民何邮？钦哉尔往，献纳是筹。命尔勖尔，侯度是修。尔田勿莱，尔政勿苛。农驰劳于野，士蓄锐于家。时维张公，惠齐孔多。齐辖日膏，齐廪日盈。张氏独贫，三世笔耕。岂善治国，而不知治兵？有遁黄台，有敉德平。蓄德陈陈，发声訇訇。宜侯宜公，庶其哀荣。累洽重熙，时尚维文。有伟国彦，积文策勋。奏篇大廷，上曰不群。绳武乃祖，荩忠我君。出敷王言，入赞圣谟。践扬政涂，匪台伊阁。德容温温，良玉善琢。维仁驺虞，惟瑞鹭鹭，上敕词臣，考德谀义。锡朕宠命，诔其先世。有贞斯珉，有亢斯甍。亶其扬休，式劝有位。（欧阳玄《圭斋文集》卷九）

二、宋濂等撰《元史·张起岩传》

张起岩字梦臣。其先章丘人，五季避地禹城。高祖迪，以元帅右监军权济南府事，徙家济南。当金之季，张荣据有章丘、邹平、济阳、长山、辛市、蒲台、新城、淄州之地，岁丙戌，归于太祖，始终能效忠节，迪与其子福，实先后羽翼之。福仕为济南路军民镇抚兵钤辖，权府事，生东昌录事判官铎。铎生四川行省儒学副提举范，范生起岩。初，其母丘氏有娠，见长蛇数丈入榻下，已忽不见，乃惊而诞起岩。

幼从其父学。年弱冠，以察举为福山县学教谕，值县官捕蝗，移摄县事，久之，听断明允，其民相率曰："若得张教谕为真县尹，吾属何患焉。"政成，迁安丘。中延祐乙卯进士，首选，除同知登州事，特旨改集贤修撰，转国子博士，升国子监丞，进翰林待制，兼国史院编修官。丁内艰，服除选为监察御史。中书参政杨廷玉以墨败，台臣奉旨就庙堂逮之下吏。丞相倒剌沙疾其摧辱同列，悉诬台臣罔上，欲置之重辟。起岩以新除留台，抗章论曰："台臣按劾百官，论列朝政，职使然也。今以奉职获戾，风纪解体，正直结舌，忠良寒心，殊非盛世事。且世皇建台阁，广言路，维持治体，陛下即位诏旨，动法祖宗。今台臣坐谴，公论杜塞，何谓法祖宗耶！"章三上，不报。起岩廷争愈急，帝感悟，事乃得释，犹皆坐罢免还乡里。迁中书右司员外郎，进左司郎中，兼经筵官，拜太子右赞善。丁外艰，服除，改燕王府司马，拜礼部尚书。

文宗亲郊，起岩充大礼使，导帝陟降，步武有节，衣前后襜如，陪位百官，望之如古图画中所睹。帝甚嘉之，赐赉优渥。转参议中书省事。宁宗崩，燕南俄起大狱，有妄男子上变，言部使者谋不轨，按问皆虚，法司谓："《唐律》，告叛者不反坐。"起岩奋谓同列曰："方今嗣君未立，人情危疑，不亟诛此人，以杜奸谋，虑妨大计。"趣有司具狱，都人肃然，大事寻定。中书方列坐铨选，起岩荐一士可用，丞相不悦，起岩即摄衣而起，丞相以为忤己。迁翰林侍讲学士，知制诰兼修国史。修三朝实录，加同知经筵事。

御史台奏除浙西廉访使，不允。已而擢陕西行台侍御史，将行，复留为侍讲学士。拜江南行台侍御史，召入中台，为侍御史。转燕南廉访使。搏击豪强，不少容贷，贫民赖以吐气。滹沱河水为真定害，起岩论封河神为侯爵，而移文责之，复修其堤防，瀹其湮郁，水患遂息。升江南行台御史中丞，拜翰林学士承旨、知制诰兼修国史、知经筵事。右丞相别（怯里）[里怯]不花，为台臣所纠，去位。未几再入相，讽词臣言台章之非，起岩执不可，闻者壮之。俄拜御史中丞，论事剀直，无所顾忌，与上官多不合。

诏修辽、金、宋三史，复命入翰林为承旨，充总裁官，积阶至荣禄大夫。起岩熟于金源典故，宋儒道学源委，尤多究心，史官有露才自是者，每立言未当，起岩据理窜定，深厚醇雅，理致自足。史成，年始六十有五，遂上疏乞骸骨以归，后四年卒，谥曰文穆。

张起岩

起岩面如紫琼，美髯方颐，而眉目清扬可观，望而知为雅量君子。及其临政决议，意所背乡，屹若泰山，不可回夺。或时面折人，面颈发赤，不少恕，庙堂惮之。识者谓其外和中刚，不受人笼络，如欧阳修，名闻四裔。安南修贡，其陪臣致其世子之辞，必候起岩起居。性孝友，少处穷约，下帷教授，躬致米百里外，以养父母，抚弟如石，教之宦学，无不备至。举亲族弗克葬者二十余丧，且买田以给其祭。凡获俸赐，必与故人宾客共之。卒之日，廪无余粟，家无余财。

先是，至元乙酉三月乙亥，太史奏文昌星明，文运将兴。时世祖行幸上京，明日丙子，皇孙降生于儒州。是夜，起岩亦生。其后皇孙践祚，是为仁宗，始诏设科取士，及廷试，起岩遂为第一人，论者以为非偶然也。起岩博学有文，善篆、隶，有《华峰漫稿》《华峰类稿》《金陵集》各若干卷，藏于家。子二人：琳、琛。（中华书局1983年版《元史》卷一百八十二）